河北地质大学学术著作出版基金项目（编号：CB2023005）
河北省统计局统计科学研究重大项目（编号：2023HD03）
河北省教育厅基础研究重点培育专项（编号：JCZX2024003）

中国股票市场风险传染问题探析

张汝飞　于　茜　王本华　著

中国金融出版社

责任编辑：王慧荣
责任校对：李俊英
责任印制：丁淮宾

图书在版编目（CIP）数据

中国股票市场风险传染问题探析/张汝飞，于茜，王本华著．—北京：中国金融出版社，2023.12
ISBN 978－7－5220－2281－9

Ⅰ.①中…　Ⅱ.①张…②于…③王…　Ⅲ.①股票市场—研究—中国
Ⅳ.①F832.51

中国国家版本馆 CIP 数据核字（2023）第 251062 号

中国股票市场风险传染问题探析
ZHONGGUO GUPIAO SHICHANG FENGXIAN CHUANRAN WENTI TANXI

出版
发行　中国金融出版社

社址　北京市丰台区益泽路 2 号
市场开发部　(010)66024766，63805472，63439533（传真）
网 上 书 店　www.cfph.cn
(010)66024766，63372837（传真）
读者服务部　(010)66070833，62568380
邮编　100071
经销　新华书店
印刷　保利达印务有限公司
尺寸　169 毫米×239 毫米
印张　12.25
字数　186 千
版次　2023 年 12 月第 1 版
印次　2023 年 12 月第 1 次印刷
定价　45.00 元
ISBN 978－7－5220－2281－9

序

中国股票市场产生于1991年，截至2023年12月底，上市公司数量达5326家，其中，国有控股上市公司1449家，占比27.22%；民营控股上市公司3562家，占比66.88%，其他类型上市公司315家，占比5.9%。A股上市公司总市值达82.06万亿元，证券化率达65.10%。经过33年的发展，股票市场已成为最重要的投融资市场，是现代金融体系的重要组成部分。

从IPO发行体制来看，从最初的额度制、指标制、通道制，到审核制，再到2019年7月开始的科创板注册制试点，2020年8月创业板注册制试点，2021年9月北京证券交易所成立，2023年2月主板全面实行IPO发行注册制，股票发行体制已经发生了重大的转折性变化。股票市场发行全面实行注册制，将以投资者权益保护为本位，以上市公司信息披露为核心，以法治建设为基础，以严格监管为保障。可以预期，未来中国股票市场发展将进一步为国民经济增长作出重要贡献。

但是，中国股票市场作为金融市场的核心内容，也是一个重要的风险管理市场。33年来，IPO发行共发生过9次暂停现象，预计由于年初交易市场股指的大幅下行而引发的风险将引致2024年全年IPO发行数量出现急剧萎缩（或暂停）。2019年以来，虽然随着股票发行注册制的推行，新上市公司数量增长较快，但是上市公司整体质量的提高并不同步，特别是，出现了不少的IPO造假和上市公司信息披露造假等事件，使投资者的投资风险大大增加，投资者预期发生了重要变化，股票市场未来发展面临新的严峻考验。

由于股票市场波动具有较高的敏感性，其风险爆发具有较大的外溢性，容易引发投资者恐慌。股票波动风险会在各个金融市场之间相互传染，造成价格信号混乱，资源错配，阻碍宏观经济调控政策效果不及预期，影响全国经济增长。因此，开展股票市场波动风险研究具有重要的现实意义和理论价值。《中国股票市场风险传染探析》一书是对股票市场风险进行数量研究的专业著作，张汝飞博士和于茜、王本华三位作者从数量模型着手，深入分析了中国股票市场风险与全球主要国家的股票、债券、汇率、期货、经济政策及中国股票市场内部各行业板块等六大类因素之间的传染关系和数量特征，较为全面地阐述了中国股票市场风险的传染机制，并对中国股票市场高质量发展提出了初步建议。本书对股票市场风险的研究者、高校等学术机构的工作人员、上市公司的管理人员、机构投资者、中小投资者等理解股票市场风险传染的本质，防范股票风险给自己及利益相关方带来损失，及开展深入的学术研究都具有重要的参考价值。

是为序。

黄运成
中国证监会研究中心原主任
中国上市公司协会学术顾问委员会主任委员

自 序

党的二十大报告要求“要坚决维护国家安全，防范化解重大风险，保持社会大局稳定”。股票市场作为金融体系的重要组成部分，能够加速资金配置和调节控制，解放社会生产力，推动国家经济社会高效运转。但股票价格的波动性和资金的流通性又使股票市场风险具有传染性，股票价格过度波动不仅会使股票市场不同板块、行业间发生联动，还会产生溢出效应，波及其他金融市场和经济社会领域。因此，明晰股票市场风险传染结构机制，有效识别风险来源，对于推动中国股票市场高质量发展、防控金融体系系统性风险、保卫国家安全稳定具有重要意义。

目前，国内外学者关于股票市场系统风险的研究大多数聚焦于年度等低频数据，这对于时变性、异质性和实时性很强的金融体系而言，放大局部噪音带来的信息干扰，限制了对风险传播机制的研究深入。为了弥补相关研究的不足，本书基于日度数据，采用时变参数随机波动率向量自回归模型来对中国股票市场与全球主要股票市场、中国股票市场与全球主要债券市场、中国股票市场与全球主要货币汇率、中国股票市场与全球主要期货市场、中国股票市场内部各行业板块、中国股票市场与全球主要国家经济政策不确定性之间的风险传染问题进行研究，有助于更全面地刻画、更精确地识别中国股票市场的系统风险。

本书的主要内容包括：（1）中国股票市场的风险功能。从传统金融学理论、行为金融学理论、传统风险传染理论出发对股票市场风险传染问题进行理论分析，介绍中国股票市场的发展历程，从投资者分类与风险产品的提供、股票市场风险定价与风险经营、股票市场外部性风险功能、股票市场风险的经济基础、股票市场的风险形式与特点、股票市场的风险管理来进行中国股票市场的风险特点分析。(2) 中国股票市场与全球主要股票市场的风险传染。选取八个主要经济体的股票市场指数作为研究对象，包括中国的沪深300指数（China）、中国香港的恒生指数(HK)、新加坡的新加坡海峡指数（Singapore）、美国的标准普尔500指数（US）、英国的伦敦金融时报100指数（UK）、法国的巴黎CAC40指数（France）、德国的法兰克福DAX指数（Germany）、俄罗斯的RTS指数（Russia）。所有数据均为日度数据，研究样本区间为2008年4月1日至2023年3月31日，删除因非同时交易出现的缺失值后，共计得到3519组样本观测值。样本期包含了2008年美国金融危机、2010年欧债危机、2015年中国股票市场大幅下跌、2018年中美贸易摩擦及2022年新冠疫情等极端危机事件。为了更好地分析危机事件冲击引起的国际股票市场风险溢出阶段性特征，进一步将整个研究样本区间划分为五个阶段进行动态网络分析，分别是2008年4月至2010年3月美国金融危机、2010年4月至2015年5月欧债危机、2015年6月至2018年2月中国股票市场大幅下跌、2018年3月至2019年11月中美贸易摩擦及2019年12月至2022年12月新冠疫情。(3) 中国股票市场与全球主要债券市场的风险传染。选取2005年1月1日至2023年3月31日的沪深300指数和英国十年期国债收益率、法国十年期国债收益率、德国十年期国债收益率、美国十年期国债收益率和中国十年期国债收益率日度数据为研究对象，研究债券市场与股票市场之间的传染效应。(4) 中国股票市场与全球主要货币汇率的风险传染。选取英镑对人民币中间价（GBP）、100日元对人民币中间价（JPY）、港元对人民币中间价（HKD）、欧元对人民币中间价（EUR）以及美元对人民币中间价（USD）作为研究对象，考察各国汇率因素对中国股票市场的冲击。(5) 中国股票市场与全球主要期货市场的风险传染。选取南华期货一级板块中的商品（NH-CI)、能化（NHECI)、金属（NHMI)、农产品（NHAI）和工业品

（NHII）五个板块指数日度收益率为研究对象，研究中国股票市场与全球主要期货市场的风险传染。(6) 中国股票市场内部各行业板块间的风险传染。选取综合，农林牧渔，食品饮料，纺织服装，互联网，国防与装备，轻工制造，化石能源，基础化工，钢铁，有色金属，机械设备，交运设备，电气设备，家电，电子设备，信息技术，文化传媒，医药生物，休闲、生活及专业服务，房地产，金融，公用事业，交通运输，建筑，建材，商贸零售共 27 个行业板块的日度数据为研究对象，分析中国股票市场内部各行业板块间的风险传染关系。(7) 中国股票市场与全球主要国家经济政策不确定性的风险传染。选取澳大利亚、巴西、加拿大、智利、哥伦比亚、法国、德国、希腊、印度、爱尔兰、意大利、韩国、荷兰、俄罗斯、新加坡、英国、美国、中国共计 18 个国家的经济政策不确定性指数月度数据为研究对象，分析中国股票市场与全球主要国家经济政策不确定性的风险传染关系。

本书的学术价值：防范股票市场系统风险的前提是能够及时和有效地识别股票市场系统风险，然后才能采取针对性措施，从而维持宏观经济的稳定。探寻系统风险因子有助于识别股票市场系统风险的结构和来源，进而采取有效措施防控股票市场风险传染溢出。本书采用时变参数随机波动率向量自回归模型，结合突变理论与混沌理论，基于日度数据将每个风险因子分解为连续风险因子和跳跃风险因子，从静态和动态、连续和跳跃的双重角度识别股票市场风险传染效应。因此，本书有助于丰富传统的金融理论，消除金融异象给模型带来的干扰，同时拓宽模型的应用领域。

本书的现实意义：股票市场作为中国资本市场必不可少的部分，对中国经济平稳、快速地发展起着不可替代的重要作用。然而，股票市场虽然对经济的发展起着积极的促进作用，但是也会给一国及世界经济带来巨大的冲击，甚至形成金融危机。因此，对监管者、政策制定者以及投资者而言，有效地识别和防范股票市场风险传染机制是中国经济健康可持续发展的重要保障。第一，有助于多角度、多领域识别股票市场风险传染机制。从全球主要股票市场、全球主要债券市场、全球主要货币汇率、全球主要期货市场、中国股票市场内部各行业板块、全球主要国家经济政策六个角度开展研究，更加全面、精确地识别中国股票市场的风险传染机制。第二，有助于中国股票市场监管者防范风险传染。中国股票市场在发展过程中，多次出现过剧烈波动情况，对金融体系和实体经济都产生了重大影响。随着金融风险防范意识的不断提高，人们越来越关注金融风险的管理，因此，从日度数据视角重新刻画和识别中国股票市场风险传染问题，有助于政策制定者更全面准确地考量货币政策、财政政策等对于中国股票市场风险传染的影响，从而合理地制定与落实金融风险防范措施，避免局部风险扩大传染至其他市场，维持经济健康稳定发展。

引　言

随着全球金融一体化程度的持续提高，金融市场迎来了高速发展，跨境金融产品层出不穷。在这一背景下，金融风险的市场传播性和破坏性逐渐增强，金融危机呈现出如同“多米诺骨牌效应”般的扩散趋势。特别值得注意的是，一国发生金融危机后，其他国家也因各种渠道的传播效应受到影响，尤其是在股票市场方面受到的冲击尤为显著。例如，1997 年的亚洲金融风暴，始于泰国，向东南亚地区蔓延，同时影响了美欧国家的股市。以日本为例，由于受到泰国金融危机的冲击，1997 年下半年，日经 225 指数出现了急剧下跌的情况。1997 年 8 月 1 日，日经 225 指数为 19804. 38 点，截至 1997 年 12 月 20 日，该指数已降至 15258. 74 点。此外，1997 年 11 月至 1998 年 2 月，日经 225 指数的近 20 日波动率在大多数时段都超过 30%，而在金融危机爆发之前和之后的时期，这一波动率多数时段低于 25%，日本股票市场在金融危机期间承受了严重的冲击。

与国际上成熟的股票市场相比，中国的股票市场属于新兴市场，具有独特的市场机制和制度环境，同时还伴随强烈的投机性和大幅波动等风险特征。多重问题和矛盾的叠加可能导致我国股票市场面临系统性风险的挑战。“十四五”规划明确强调了系统观念的重要性，强调了对重大风险挑战的防范和化解，以及建立健全的重大风险识别和预警机制的必要性。股票市场作为国家经济状况的高度敏感指标，其健康与否对实体经济的融资环境和融资渠道具有重要影响，在国民经济中占据关键地位。回顾中国股票市场的发展历程，频繁发生的市场风波揭示了系统性风险的潜在存在。例如，2015 年上半年，中国股票市场迅速上升并创下历史新高，随后在短时间内出现了大幅下跌，引发了全面的市场崩溃，其中7月27日一度单日跌幅高达8.48%。直到2016年1月，上证指数触及最低点2638点。在此期间，中国证监会首次尝试使用“熔断”机制来稳定市场情绪，然而此举未能达到预期效果，投资者纷纷抛售股票，大量股票触发跌停。类似的情况还出现在2018年初，当时上证指数经历了“11连阳”，从3263.73点上涨至3569.49点，随后开始急速下跌，最终区间跌幅达到32%。2019年，上证指数全年上涨22.3%，而在2020年底，上证指数以全年最高点3473.07点报收，全年涨幅为13.87%。创业板指数则以全年最高点2966.26点报收，全年涨幅高达64.96%。这些迅猛的市场涨幅在极短的时间内创下了全球股市的最高涨幅纪录。然而，截至2021年12月31日，上证指数报收3639.8点，相较于2020年底上涨了166.7点，涨幅为4.8%。2022年12月31日，受新冠疫情的影响，上证指数以3089.26点报收。中国股票市场的发展史和现实情况表明，随着市场的不断发展，积聚和解决系统性风险是需要高度关注的问题。只有有效地识别和防范我国股票市场的系统性风险，才能推动股票市场实现稳定和可持续的发展。

当前，中国经济进入新常态，经济体制和结构正在发生深刻的变革，股票市场的迅速发展对于支持和促进实体经济的繁荣具有至关重要的意义。为实现股票市场的高质量发展，必须不断改进市场结构，进一步完善市场制度建设，并积极应对投资者结构的变化。这一系列改革措施的核心目标在于适应中国经济的经济转型和发展需求，以确保股票市场更为有效地支持和促进实体经济的发展。然而，股票市场系统性风险水平一直较高可能对整个金融系统的稳定性产生不利影响，因此防范和化解股票市场的系统性风险已经成为证券监管部门、上市公司、投资者和学术界共同关注的焦点之一。

建立能够及时监测和准确度量股票市场风险的管理系统变得至关重

要。这包括采取有效的措施来规避潜在的风险，并制定相应的监管政策，确保中国股票市场的稳定和安全。近年来，中国股票监管机构持续进行改革，不仅提升了监管机构的行政级别，还加强了这些机构之间的协调与合作，以更好地适应不断变化的市场环境。同时，深入研究股票市场风险及其传导机制成为当务之急。了解这些机制有助于更好地理解风险是如何在市场之间传播的，以及它们如何对整个金融体系产生影响，通过有效地发现潜在的风险并采取适当的监管措施，可以进一步提高中国股票市场的发展水平，以确保健康和可持续发展。综上所述，中国股票市场正面临新的挑战和机遇，通过深入研究风险测度方法和风险传导机制，可以更好地理解和管理这些风险，从而实现股票市场的健康和稳定发展，为中国经济的繁荣作出更大的贡献。

目　　录

第一章　股票市场风险概述

股票市场作为人类经济社会商品化、货币化、信用化深入发展的重要产物，不仅是社会进步的标志性里程碑，更是信息和资本集聚的中心。其独特的运行机制极大地促进了生产关系的改进，资金配置的优化，以及经济调控的有效性，解放了社会生产力，推动了人类社会的迅速发展。

现代金融学理论认为，股票市场具有社会经济的“晴雨表”功能，股票价格的波动折射了资金融通和资源配置的情况，是经济社会实现竞争优势和价值增值的重要途径。1990 年 12 月，上海证券交易所的建立标志着中国股票市场的诞生，其市值规模经历了从 1992 年的 1048 亿元扩张至 2022 年的 97.8 万亿元的飞跃，使其成为全球最重要的股票市场之一。

尽管中国股票市场在过去的 30 年中取得了显著的成就，其仍然存在一系列制度性和结构性问题。在中国股票市场中，投机行为不断增加，股票价格频繁出现过度波动，多次经历大幅上涨和下跌的情况。例如，在 2008 年国际金融危机中，中国股票市场也受到了严重的冲击，上证指数从 2007 年的 6124 点暴跌至 2008 年的 1664 点，跌幅高达 73%。这种股市大幅波动的情况引发了广泛的担忧，尤其是关于中国股票市场风险传染问题，该问题对中国经济体系产生了巨大的影响，中国的 GDP 增长率从 2007 年的 14.2% 下降到 2008 年的 9.7%，中国股票市场的风险传染问题成为社会各界广泛关注的焦点。

第一节　股票市场风险的概念

股票市场风险指由于股票价格波动而可能导致投资者损失的概率，通常可划分为系统性风险和非系统性风险两大类。非系统性风险源自特定公司或事件，导致某只或某类股票的不确定性波动和损失。这类风险可以通过构建多元化投资组合进行有效分散。系统性风险则源自外部或内部因素，导致整个股票市场的剧烈波动，影响每一只股票，且无法通过投资组合分散化来降低。因此，通常使用股票价格指数的变动而非个别股票价格来度量系统性风险。

“系统性风险”最早出现在1984年的美国一本有关国际债务的书籍中（Cilne，1984）。该书指出，拉丁美洲债务危机中的系统性风险对全球经济造成了严重影响，但该书并未对系统性风险作出明确定义。随着国际金融危机的不断发展，世界各国对金融风险的警惕性逐渐提高，学者开始更加关注对系统性金融风险的研究。尽管学术界对系统性风险的研究日益深入，但在其精确定义上尚未达成一致共识（Girardi 和 Ergün，2013）。目前学者普遍接受的系统性风险定义主要侧重于风险传染、关联性，以及对整体经济的广泛影响程度。例如，Lacher（1998）认为，系统性风险表现为具有负面外部性的传播效应。Kaufman 等（2003）指出，系统性风险是由于各种机构之间的相互关联性导致整个系统可能崩溃的风险。美联储前主席本·伯南克认为，系统性风险是那些可能威胁金融系统整体稳定性的因素发展演化的结果，并对整体经济具有广泛影响的风险。

根据中国金融出版社出版的《金融学大辞典》的观点，股票市场的系统性风险可被定义为金融体系内外部因素相互影响和共同作用的结果。从开放的资本市场角度来看，这些因素主要包括国内控制性风险和国外传染性风险两个主要类型。

国内控制性风险指源自国内经济和金融体系内部的风险因素。这包括但不限于货币政策的变化、财政政策的调整、宏观经济波动、利率水平的波动、国内政治因素等。这些因素可以对整个股票市场产生深远的影响，引发市场的不确定性和波动。例如，一次国内货币政策的紧缩可能导致资金从股票市场撤离，引发股价下跌。国内控制性风险与国内经济和政策环境密切相关，因此，投资者需要密切关注国内宏观经济数据和政策动向，以便更好地评估系统性风险。

国外传染性风险指来自国际市场和国际经济环境的风险因素。全球化的金融市场使各国的股票市场紧密相连，国际市场的波动和危机可能会快速传播到国内市场。这类风险因素包括国际金融市场的大幅波动、国际贸易局势的不确定性、跨国公司的经营风险等。例如，一场国际金融危机可能引发全球性的市场恐慌，导致国内股票市场遭受重创。国外传染性风险需要投资者密切关注国际市场的动向，以及全球经济格局的变化，以便更好地应对系统性风险。

股票市场的系统性风险是一种综合性风险，是多种因素相互作用的结果。这些因素涵盖了国内和国际范围内的各种经济、政治和金融因素。投资者和决策者需要综合考虑这些因素，以更好地理解和管理系统性风险，从而降低投资风险，确保股票市场的稳定和健康发展。在不确定性时代，对系统性风险的敏感性和应对能力将成为投资成功的重要因素。深入研究系统性风险及其传导机制，以及建立有效的风险管理工具和政策，对于股票市场的长期繁荣发展至关重要。

随着对金融市场研究的深入，学者逐渐揭示了金融领域存在显著的传染效应现象，他们引入了来自医学概念的术语“风险传染”，以解释金融市场中风险的传播。在 1990 年，Hernrich 等学者采用工业安全理论的类比方法，解释金融领域风险传染的机制。Forbes 和 Rigobon（2002）则明确将风险传染定义为极端负面冲击事件对其他市场的影响扩散。尽管该概念在学术和实际应用领域得到广泛传播，但对其确切内涵尚未达成统一共识。主要有以下两类观点：一是风险传染应该仅包括在排除经济基本面和一致性冲击等共同因素后的溢出效应；二是应将共同因素纳入风险传染的范畴之中。

关于系统性风险传染，可以借鉴风险传染的定义，将系统性风险传染理解为基于经济基本面等相互关联因素的作用，当某一行业、机构或国家出现系统性风险时，通过各种传染渠道，对其他行业、机构或国家施加影响，从而引发系统性金融危机的过程。

非对称传染是在非线性传染的框架下展开的金融风险研究。非线性传染指个体或系统的不同部分之间的风险传染关系具有非线性特征，而非线性特征使其更贴近客观事物的性质，不再遵循简单的线性规律。基于系统性风险传染具有非线性特征这一前提，非对称传染概念主要包括两个层面的含义：一是非对称传染指出不同行业、机构或国家之间的风险溢出效应存在输入效应和输出效应之间的强弱差异；二是非对称传染突出了在高和低状态变量不同体制区间内，不同行业、机构或国家之间的风险溢出效应表现出明显的非对称性。

第二节 股票市场的风险传染理论

一、传统金融学理论

在传统金融学的理论框架中，Harry Markowitz 于 1952 年提出的均值—方差理论扮演了一项核心角色。该理论构建在一个基本假设之上，即投资者在选择资产或资产组合时会考虑期望收益率和标准差（或方差）这两项关键因素。其最终目标是在承受一定风险水平的前提下，追求最大化收益或在获得一定收益的前提下，将风险水平降至最低。

James Tobin（1958）进一步扩展了这一理论，他强调在进行资金配置决策时，首先需要确定风险资产的分配比例，然后再决定如何分配风险资产和持有现金之间的权重。在这个过程中，最优的风险资产组合应当位于给定组合的期望收益率条件下，形成一个最小方差边界。具体而言，这个最优组合位于最小方差边界上的上曲线上，也就是风险资产的有效边界。这个最优组合被定义为期望收益率与波动率之比最高的资本配置线与风险资产有效边界相切的点，代表了一种理想的风险组合。

这一理论的关键思想在于，投资者应该在给定风险水平的情况下，选择能够提供最高期望收益率的资产组合，或者在目标期望收益率下，选择能够提供最低风险水平的资产组合。这种方法使投资者能够在风险和回报之间进行权衡，以满足其个人的投资目标和风险偏好。这一理论的前提假设是投资者具备理性的决策能力，能够准确估计资产的期望回报和风险。然而，在实际市场中，投资决策可能会受到多种因素的限制，如市场摩擦和流动性问题，这可能导致投资者无法完全按照理论模型的建议来配置其投资组合。因此，实际的投资决策通常需要综合考虑更多的复杂因素，包括市场条件和个人投资者的实际情况。尽管如此，均值—方差理论和资本配置线仍然为投资决策提供了重要的理论基础，并在金融学领域占据着重要的地位。

资本资产定价模型（CAPM）和套利定价理论（APT）是金融学领域两个具有显著影响的资产定价模型，它们为投资者和研究者提供了关于资产估价和风险管理的重要理论框架。

资本资产定价模型（CAPM）是在 Harry Markowitz 的均值—方差理论的基础上发展而来，由 William Sharpe、John Lintner 和 Jan Mossin 等学者于 20 世纪 60 年代提出。该模型的关键假设在于投资者对市场资产具有同质预期，即他们对市场整体风险有着一致的预期和观点。这一前提对 CAPM 的理论框架至关重要，因为它奠定了量化风险与回报之间关系的基础。

CAPM 的主要优势在于其提供了一个简明而强大的工具，用于评估资产的合理预期回报。然而，该模型也面临争议，其中一个争议点在于对市场预期回报的估计可能存在不准确性，特别是在不稳定的市场环境下。此外，CAPM 未充分考虑一些因素，如非系统性风险，这些风险无法通过分散投资来消除。因此，一些学者和从业者对 CAPM 提出了批评，并提出了更为复杂的模型以更好地解释市场现象。

套利定价理论（APT）是由 Stephen Ross 于 20 世纪 70 年代提出的另一重要资产定价模型。APT 不依赖于风险预期的一致性，而是假设市场中存在多个因子，可以用来描述资产回报。与 CAPM 不同，APT 认为资产回报可以通过多个因子的组合来解释，而不仅仅是市场因子。这些因子包括但不限于经济指标、利率、通货膨胀率、行业表现等。

APT 的主要优势在于其更加灵活，能够适应不同市场环境。它允许投资者使用多个因子来解释资产回报，有助于更全面地考虑多样化的风险因素。然而，与 CAPM 一样，APT 也面临一些挑战，包括因子的选择和模型参数的估计问题。

在实际应用中，CAPM 和 APT 被广泛用于资产估价和投资组合优化。投资者和资产管理公司利用这些模型来评估不同资产的风险和回报，并进行投资组合的优化。假设有一个市场，该市场受到独立的外部冲击的影响，投资者依据其独特的风险偏好，以一定的比例投资于包含股票在内的多种资产构成的风险投资组合以及无风险资产。在市场达到均衡状态时，每种资产的收益率和风险，以及有效组合的收益率和风险，都应位于证券市场线（SML）上。然而，在现实中，当一个市场受到独立的外部冲击引发价格波动时，该市场的资产会偏离证券市场线。

在 CAPM 中，假定投资者可以根据无风险利率不受限制地进行借贷，调整其投资组合中资产的权重，以纠正这种偏离。这意味着单一市场资产的独立价格波动不会对其他市场产生影响，因为投资者可以通过借贷行为来调整投资组合。然而，在实际情况中，投资者无法无限制地按照 CAPM 的假设进行借贷，因此，单一市场价格的大幅波动可能会受到融资限制的影响。在这种情况下，投资者只能根据均值—方差理论来调整投资组合中各市场资产的比重。由于投资者共享相同的风险观点，这种调整可能导致其他市场资产的价格在短时间内单向波动，从而使风险从一个市场传播到多个市场。

在套利定价理论中，当市场中的资产偏离证券市场线时，投资者可以通过套利行为来进行无风险套利，以纠正不正常的价格行为。这种套利行为可以确保单一市场资产的价格变动不会对其他市场产生影响。然而，在实际市场中，存在与套利定价理论的假设不符的情况。首先，存在做空的限制，因此无风险套利机会并不总是存在。其次，大量投资者的做多和做空行为可能会通过流动性因素影响其他市场资产的价格，从而导致风险传染。因此，在实际市场中，这些模型所依赖的假设并不总是成立，投资者和研究者需要谨慎考虑模型的应用，并结合市场实际情况进行决策。

二、行为金融学理论

传统金融学理论假定投资者表现出完全理性且具有同质预期的特征。然而，随着金融市场的演变，越来越多的现象表明，这种理论假设并不符合实际情况。实际上，投资者的情感和心理状态常常影响他们的决策，从而对市场产生影响。行为金融学作为一门研究投资者非理性行为和心理决策如何影响市场的学科因此应运而生。尽管行为金融学理论目前存在一些争议和缺乏统一框架等问题，与传统金融学理论相比，行为金融学理论更贴近市场实际情况，更好地解释了投资者行为。

行为金融学理论的一个核心观点是，投资者往往表现出非理性的特征，其决策常受情感和情绪的驱使。这与传统金融学理论中对完全理性投资者的假设形成了鲜明对比。例如，凯恩斯在其著作《就业、利息与货币通论》中指出，股票价格反映了股票市场的平均预期，而频繁的估值并不具备实际意义。实际上，市场价格往往受到投资者情感的影响，他们更关注是否能以更低的价格购入股票并以更高的价格卖出。这一观点被称为“空中楼阁理论”。在这一理论框架下，当投资者的平均预期发生重大变化时，市场价格可能会发生剧烈波动。而这些剧烈波动本身可能导致投资者对其他市场的预期发生改变。因此，多个市场同时发生剧烈波动可能会导致风险传染的出现，而这种传染现象不依赖于任何经济基础。

行为金融学领域探讨的“羊群效应”现象表现为投资者在其行为上呈现出相互模仿与一致性的趋势。在金融市场中，“羊群效应”指个体投资者的决策常受整体市场投资行为的影响，这一现象通常可以从心理学的从众心理学、经济学中的信息不对称现象以及委托代理理论等角度来解释。在这种情况下，即使个体投资者的预期和信息不同，他们也有倾向根据群体的行为趋势来作出投资决策，这进一步导致了市场中的剧烈波动。举例而言，一家大型机构的投资组合调整行为在多个市场中可能引发许多个人投资者跟随行为，从而在多个市场中触发价格的急剧波动，进一步增强了市场之间的相互依存性。

心理账户概念在行为金融学中具有重要地位，它指投资者在心理上对不同种类的资产进行分类管理，这些不同的资产类别在投资者心目中拥有不同的属性和管理方式。心理账户的划分通常基于不同的来源和目标。举例而言，一些资产可能被归类到旨在维护财富价值的账户中，而另一些则可能归类到旨在追求更高收益的账户中，这两者通常被称为安全账户和风险账户。当大多数投资者倾向于将两个市场中的资产放入相同的心理账户中时，两个市场之间的风险传播可能会升级，因为投资者对这两个市场中资产的处置方式呈现出相似性。

禀赋效应又被称为“持有效应”，指投资者对于已经拥有的资产与未拥有的资产之间的价值评估存在差异。在通常情况下，在估值模型中，资产的等值状态下，相较于尚未拥有的资产，投资者会对已经拥有的资产赋予更高的价值。这一现象可以用心理学中的从众心理学、经济学中的信息不对称现象，以及委托代理理论等概念来解释。禀赋效应和前景理论则进一步强调了投资者的效用函数呈现 S 形，即在资产获利时，投资者表现出风险厌恶；而在资产亏损时，投资者则表现出风险偏好。这些理论的提出表明，当市场上涨时，投资者倾向于卖出已有资产，而在市场下跌时，他们倾向于继续持有已有资产。这一现象在行为金融学中被称为“处置效应”。

当市场中的资产价格下跌时，由于投资者的倾向是继续持有这些资产，可能导致市场的流动性下降。这会使投资者只能通过资产配置来进行调整，而不依赖于借贷来进行操作。因此，市场中的剧烈波动可能通过资产配置对其他市场产生影响，从而加剧风险传染的程度。需要注意的是，这种效应在资产价格上涨时不会出现，因为投资者更愿意继续持有他们已经拥有的资产。

为了更好地理解风险传播的非对称性，Hersh Shefrin 和 Meir Statman 于 1994 年提出了行为资产定价模型（BAPM）。BAPM 将投资者分为理性投资者和噪声投资者两类，后者不具备均值方差偏好，容易犯错误。当市场以理性投资者为主导时，市场通常表现出高效率；而当噪声投资者占据主导地位时，市场则可能变得低效。BAPM 有助于解释为什么风险传染水平会随时间而变化，因为投资者的类型和比例不断变化。当噪声投资者占主导地位时，市场可能更容易受到情感驱动，这可能导致“羊群效应”加重，从而深化风险传播水平。

此外，资本资产定价模型（CAPM）存在一些假设，如理性人假设和同质预期假设，这与实际情况不符。因此，Hersh Shefrin 和 Meir Statman（2000）进一步发展了行为资产组合理论（BPT）。BPT 根据不同的心理账户对投资者的行为进行建模，包括单一账户行为资产组合理论（BPT - SA）和多重账户资产组合理论（BPT - MA）。这些理论通过考虑预期的总资产、安全性、潜在收益以及达到预期收益的可能性等因素来指导投资组合选择。不同的账户类型在不同市场中的资产配置方式可能会对市场风险传播产生显著影响。例如，如果大多数投资者将两个市场中的资产放在同一个心理账户中，那么市场间的风险传播可能更加强烈。反之则相反。

综上所述，行为金融学中的理论观点，如禀赋效应、前景理论、处置效应、BAPM 和 BPT 等，有助于更好地理解金融市场中的非对称风险传播机制，为投资者和决策者提供了更实际的框架来应对市场波动和风险。这些理论不仅在理论研究中有所贡献，也在实际金融市场中具有重要的应用价值。

三、传统风险传染理论

传统的风险传染理论专注于探讨国际范围内风险如何传播。尽管以往的研究在此领域提供了多元的视角，却未能形成一致的理论框架和结论。Kristin Forbes 和 Roberto Rigobon（2001）对风险传染理论进行分类，将其划分为危机偶然性理论（crisis - contingent theory）和非危机偶然性理论（non - crisis - contingent theory）两大类。前者主张，各国市场传染机制在金融危机期间会发生变化，旨在解释这些变化的原因。后者则认为，危机期间和金融市场稳定期间，市场间传染机制保持一致，侧重于阐明在传染机制未显著改变的情况下引发全球金融危机的原因。危机偶然性理论主要包括以下几种理论。

（1）多重均衡理论。Forbes（2001）指出，在非金融危机期间，投资者在每个国家市场中维持一种均衡状态。然而，一旦某国金融危机爆发，扰乱了该国市场的均衡，投资者会重新评估其他国家市场的风险。由于投资者通常对损失持有厌恶情感，即使没有明确证据显示各国市场之间存在客观联系，他们会主观地认为其他国家市场的风险上升。这导致投资者在预期风险升高的其他国家市场上寻求新的均衡，从而干扰了尚未受到危机影响的其他国家市场的均衡，大量具有相似预期的投资者的重新均衡行为可能引发其他国家市场资产价格的剧烈波动，进而带来实际的金融风险传染。这种传染机制在非危机期间不显著，它依赖于大量投资者的非理性行为和预期的变化。Paul Masson（1998）运用国际收支模型在两国的外汇市场中验证了这一理论。

（2）内生流动性冲击理论。该理论假设投资者在各国市场上的投资组合趋于稳定，根据理性判断，他们手中的流动性资产不会过多。当某国市场陷入危机时，该国市场形成流动性需求，投资者需要调整其投资组合以满足这种需求。这种积极的流动性寻求行为会引发内生的流动性成本增加，从而影响其他国家市场上的资产价格和流动性成本。与多重均衡理论相似，这种机制在非危机期间也不明显，它依赖于金融监管的流动性要求和理性投资者的流动性管理方式。Guillermo A. Calvo（1999）进一步发展了这一理论，将理性投资者分为具有完全市场信息的完全知情投资者和不能完全获取市场信息的不完全知情投资者。完全知情投资者可能因为追加保证金（margin call）而在其他国家市场上寻求流动性，而不完全知情投资者由于信息不对称，只能观察到完全知情投资者在其他国家市场上处理资产的行为，这可能导致他们高估其他国家市场的风险，从而影响到多重均衡。Calvo 认为这是 1998 年俄罗斯债务危机扩散到许多没有直接贸易联系的发展中国家市场的原因之一。

（3）政治传染理论。该理论主要用于解释外汇市场中的传染现象。当处于类似境地的国家中的一个国家放弃其原有的汇率制度，尤其是盯住汇率制度时，其他国家也可能会因政治成本下降而选择放弃相同的制度，从而增加了改变汇率制度的概率。当多个国家在一段时间内同时改变汇率制度时，可能会引发汇率危机，通过非危机时期不存在的渠道向外传播。

以上危机偶然性理论的核心在于投资者的预期、投资组合调整以及制度建设。与之相对，非危机偶然性理论的基础主要依赖于客观的经济情境，试图用非危机期间的经济运行机制来解释危机期间风险传播的显著性。

非危机偶然性理论包括贸易理论、政策协调理论、国家重估理论和非危机期间转移理论四个核心理论。

（1）贸易理论。在该理论框架下，假设一国货币贬值，考虑到商品是同质化的且没有消费者偏好的情况下，该国的出口商品将在进口国市场上获得相对竞争优势，从而推动进口国的本土商品降价，进而影响该国的商品销售、产出和企业运营。此外，一国货币贬值还会对与该国商品竞争的所有其他国家的企业运营和出口产生影响。这种影响可能会被投资者的预期放大，导致汇率出现大规模异常波动，甚至引发对一国货币的投机行为。

（2）政策协调理论。在贸易理论的基础上，政策协调理论探讨了一国可能出台的政策措施，以减缓基于贸易理论的风险传播。最常见的做法是实施贸易壁垒。然而，一旦一国采取了这种政策，其他国家在该国际市场上受到的金融风险传播冲击将会增强，因为其他国家可能会采取类似的贸易保护主义措施。这种政策协调行为在同一时期内出现可能会对全球经济一体化产生严重不利影响，甚至可能导致全球贸易网络中断，从而直接影响各国的经济状况。

（3）国家重估理论。这一理论关注的是一国在金融危机传播中所受到的经济冲击，如何成为投资者的经验教训。在假定历史会重演的前提下，投资者可能会以此经验为基础重新评估其他国家的经济状况，进而调整其预期。Guillermo A. Calvo 和 Enrique G. Mendoza（2000）进一步深化了这一理论，指出信息获取是有成本的，当市场中的理性投资者发现获取并重构投资组合信息的成本高于其投资组合的收益时，他们可能会选择模仿已有投资组合，这种现象可能会引发“羊群效应”，从而导致风险传染。

（4）非危机期间转移理论。此理论主张，世界上存在独立于单个国家的随机经济冲击，如全球利率下降、全球供给或需求的变化等。这些冲击会影响全球经济状况，增加全球经济体之间的相互依赖性，从而表现为风险传播的一种形式。该理论认为并非金融危机改变了风险传染的机制，而是加强了各市场间传染程度的事件，促使金融危机发生。

这些理论的大部分内容可以应用于国际股票市场之间的风险传染研究中。例如，多国股票市场之间可能存在多重均衡，单一国家股票市场上的流动性需求可能会导致他国股票市场上的流动性调整，单一国家股票市场的交易制度变化可能会影响其他国家股市的参与和运营情况，贸易因素可能通过影响企业运营而引发股票价格波动，国际股票市场上的投资组合可能会因投资者的预期或历史表现而调整，全球事件可能导致多国股票市场之间的相互依赖性增加，这为解释国际股票市场之间的风险传染提供了理论基础。

传统金融学理论虽未明确讨论股票市场的风险传染，但通过松弛假设或引入流动性分析等方式，仍可以探讨风险传播的成因，尤其是与投资者的调整行为以及市场相互依赖性相关的成因。同时，行为金融学理论则更贴近实际情况，因为它基于投资者的心理和行为，为股票市场风险传染的成因提供了更为现实的理论依据，为后续的理论和实证研究奠定了基础。

第三节　股票市场的风险特点

股票市场的系统性风险是一个长期积累的过程，它是由许多小规模风险因素在关键时刻聚合，并由某个导火索引发，随后快速传播到整个金融体系，最终波及实体经济。这种由潜在可能性逐渐演变成现实性的系统性风险的形成机制要求我们必须清晰地理解其演进规律，从而能够在系统性风险积累的早期阶段采取控制措施，避免其继续蔓延。

历次股票市场灾难事件的形成过程通常具有共同特点，尽管在表现形式上可能略有不同。这些事件的发生往往受到两个主要原因的驱动。首先，国家的宏观经济政策不断放宽，导致金融机构对整个股票市场的前景充满信心，过于乐观的盈利预期增大了投资的风险，信贷活动也逐渐扩大。随着时间的推移，金融机构的财务状况问题不断浮出水面，资产负债表急剧扩张和信贷不平衡进一步加剧，最终导致股票市场中的风险不断积累，金融危机逐渐酝酿。其次，新技术的不断涌现推动了经济的发展，导致虚拟经济与实体经济脱节。当出现与最初推动经济繁荣方向相反的冲击时，潜在的危机便浮出水面，金融系统中最脆弱的环节将成为触发系统性金融风险的导火索。股票市场通常通过资产相关性、心理预期、杠杆交易等渠道受到影响，并将这些影响反映到实体经济中。当系统性金融风险引发整体经济危机并带来严重后果时，政府部门会采取措施来应对危机，但这一过程也可能导致新的系统性风险的出现。

股票市场系统性金融风险的演进通常经历累积、爆发和扩散三个主要阶段，并受到内生和外生因素的影响。外生因素以“冲击”的形式存在，包括国家宏观经济政策和经济结构等。内生因素则涉及时间和空间两个维度。时间维度分析了系统性风险在外部正向冲击和传导的作用下如何通过金融体系内部的结构和制度安排逐渐累积。时间维度的研究探讨了宏观经济周期与房地产周期之间的关系，特别是股票市场系统性风险的周期性变化规律。这涉及两个主要问题。其一，基于负向二次冲击和传导的前提，股票市场系统性风险最初是如何从金融体系内的哪个部分引发的；其二，股票市场系统性风险通过何种途径在金融体系和实体经济之间传播。这些问题的深入研究有助于更好地理解和管理股票市场的系统性风险。

一、风险的积累

在2008年国际金融危机爆发之前，学术界已经开始深入研究股票市场系统性金融风险积累的内在原因，探讨了多种理论和假说。这些理论包括金融机构内在的脆弱性、股票市场监管的缺失、股票市场参与者的非理性行为以及股票市场本身存在的潜在问题等。尽管这些理论在一定程度上有助于我们理解股票市场风险的某些方面，但内在原因仍然可以追溯到金融体系的亲周期性。早在2009年，金融稳定论坛（Financial Stability Forum，FSF）对亲周期性现象进行了解释，认为这是实体经济与股票市场之间相互正反馈的结果，它不仅加剧了经济周期的波动，还导致了股票市场的极端波动。

亲周期性在多个方面表现出来，其中包括投资者对股票市场的“涨跌买卖”行为、国际资本流动的亲周期性、企业的库存投资以及金融系统的亲周期性。使亲周期性在经济金融领域广泛存在，其中金融系统的周期性表现尤为显著。金融系统的周期性表现在利率、信贷活动、贷款损失准备和违约率等方面，这些因素会随着经济周期的不同而不断波动。在经济前景看好的时期，金融机构倾向于采取高风险高回报的策略，然而，风险的显现通常是滞后的，这会导致资产价格的异常膨胀和经济的过热。而在经济下行时，政府可能采取紧缩的信贷政策，加速了经济的衰退。例如，Borio（2001）的研究发现，商业银行表现出明显的亲周期性特征，资产价格水平和私人信贷在经济周期内同向波动，这说明金融发展放大了宏观经济的波动，增加了金融系统的不稳定性。此外，还有研究结果显示，在美国经济衰退期间，银行的违约率高达10%，而在经济繁荣期间，违约率较低。

股票市场的亲周期性受到多种原因的共同影响，这些原因在不同时间和情境下可能是单一或多重的，并且在整个金融体系中的权重存在差异。首先，信息不对称导致了激励机制的扭曲。在经济景气时期，投资者往往倾向于追求高风险高回报的投资，但风险的显现通常滞后于投资决策，这为未来的市场波动埋下了隐患。相反，在经济衰退期间，投资者更加谨慎，避免冒险投资。其次，信息不对称引发了逆向选择和道德风险。在经济不景气时，金融机构需要提供更高的风险溢价以应对面临的潜在风险，这导致高风险、高回报的项目获得了资金支持。最后，个体投资者的理性决策有时会导致集体的非理性行为。例如，在面临财务紧张时，金融机构可能会采取紧缩的信贷政策，如果所有金融机构都采取相似的策略，将导致大规模资产抛售，加剧了资本的压力，最终导致资产价格的急剧下跌。当宏观经济处于拐点时，不同市场参与者对风险的感知存在差异，市场上可能出现集体的多贷款和拒贷款行为，这导致信贷周期的扩张和紧缩交替出现，加剧了实体经济的波动。这种情况反映了银行家有限理性决策的表现。

随着世界各国货币市场和资本市场的不断发展，以及市场监管逐渐放松，各大银行对债券、黄金、外汇、衍生产品等的交易数量和规模都不断增加。风险模型的广泛应用已成为度量信用风险、操作风险和市场风险的重要工具。然而，这些模型本身存在一些不足之处，包括模型构建时的假设、对未来事件的预测不确定性以及对整体系统风险的度量存在差异等问题。当多家银行采用类似的模型和软件进行风险度量时，它们可能会得出相似的结果，最终导致决策行为趋向一致，进一步加剧了亲周期性的过程。以 2008 年国际金融危机为例，风险度量模型的存在使金融机构的投资者认识到次级抵押债券市场的严重不稳定性，但这也导致了对实际金融风险的高估。当大量金融机构纷纷抛售资产时，资产价格迅速波动，市场流动性急剧下降。从整体宏观经济角度来看，当经济放缓时，对风险的预测可能高于实际存在的风险水平，各大银行的决策行为可能呈现出亲周期性。

要解决股票市场系统性金融风险问题，需要综合考虑多个因素。首先，金融监管机构需要更密切地监督金融机构的行为，特别是在经济繁荣期间，应加强监管，限制高风险投资，防止资产价格的过度膨胀。其次，金融机构需要提高其风险管理能力，以更好地应对市场波动。此外，需要建立更为稳健的风险模型，更好地考虑不确定性因素，避免为了追求高回报而忽视风险。最后，政府和监管机构需要更好地协调行动，加强市场监管，防止亲周期性行为的传播。只有通过综合性的措施，才能更好地管理和减轻股票市场系统性金融风险，提高金融体系的稳定性和抗风险能力。

二、风险的触发

当股票市场的系统性风险积累到一定程度时，系统性风险有可能因为某些外部因素的突然不利影响而爆发，就好像金融世界中的导火索，点燃了长期以来酝酿的金融风险。这些冲击可以分为系统冲击和特定冲击，外生冲击和内生冲击，具有随机性、必然性、突发性等特点。

系统性风险的特征之一是其冲击的性质不尽相同，它们可以被细分为系统冲击和特定冲击，这两者在股票市场系统中的影响范围存在显著差异。系统冲击指那些对整个股票市场体系产生显著影响的突发金融事件，而特定冲击则是局部性的，作用于个别或一类金融中介的事件。在当今日益复杂的股票市场环境中，系统冲击发生的可能性相对较小，特定冲击也不太可能引发系统性风险。这一观点建立在金融机构规模服从完全正态分布的理想情况下，此时特定冲击在总体上会被相互对冲掉。然而，现实情况下，金融机构规模的分布通常呈现出“厚尾”特征，因此不能完全中和特定冲击的效应，这增加了触发股票市场系统性金融风险的可能性。

在较早的时期，系统性金融风险事件的冲击通常来自外部因素，如新技术的失败、实体经济的衰退或政治事件等。然而，随着金融市场的自由化和金融产品的不断创新，现代经济体系逐渐演变为高度虚拟的状态。在这种情况下，金融交易活动可以完全独立于实体经济运行，甚至与实体经济背离。例如，在某些情况下，金融交易的量远远超过了实际贸易量，导致金融市场与实体经济之间的脱节。同时，政府的政策逐渐放宽，信用的使用范围不断扩大，导致信用不断膨胀。加之全球经济的日益一体化，金融系统的运行逐渐摆脱了对实体经济的依赖，系统内部的运行规律更加独立。这种情况下，系统性金融风险的冲击更多地来源于系统内部，即内生冲击。内生冲击指那些源自金融系统内部的因素，它们可以是市场参与者的行为、金融机构的决策或金融市场的运作机制等。这些内生冲击可以在不受外部因素干扰的情况下影响整个金融系统，从而引发系统性风险的爆发。内生冲击的发生往往与金融市场的复杂性和不确定性有关，因为金融市场充满了各种因素和变量，它们相互作用，产生了复杂的动态效应。在这种环境下，即使没有外部冲击，金融系统内部的不稳定因素也足以引发系统性风险。

股票市场系统性风险的爆发是一个多因素复杂作用的结果。外生冲击和内生冲击都可能成为导火索，引发系统性风险的爆发。在分析系统性风险爆发的机制时，有几个关键因素需要考虑。首先，金融体系中的相互关联和相互依赖性会加剧系统性风险的传播。当一个金融中介或市场遭受冲击时，这种影响可能会迅速扩散到其他相关机构和市场，形成连锁反应。这种连锁反应可能会导致整个金融系统的不稳定。其次，信息不对称和市场不完全竞争也是系统性风险的根源之一。市场参与者对信息的获取和解释存在差异，这可能导致市场价格的扭曲和投资决策的不合理性，从而加大了系统性风险的可能性。此外，金融监管和政策的有效性也对系统性风险的爆发起着重要作用。监管的不足或政策的失效可能会使金融体系更加脆弱，难以应对潜在的风险。最后，宏观经济环境的变化也可能诱发系统性风险的爆发。例如，全球性的宏观经济衰退可能会导致多个金融机构和市场同时受到影响，从而引发系统性风险。

在现代金融市场中，由于金融机构的规模分布和金融交易的高度虚拟化，对系统性风险的管理和监测需要更加全面和深入的考虑，以便更好地应对不同类型的冲击，并减轻其潜在影响。有效的监管、风险管理和模型建设将有助于减轻系统性金融风险的可能影响，提高金融体系的稳定性和韧性，维护金融市场的健康发展。

三、风险的传导

美国经济学家金德尔伯格在其著作《疯狂、惊恐和崩溃——金融危机史》中，首次进行了系统的金融危机研究，此书不仅在金融危机的历史回顾方面作出了杰出贡献，同时还首次提出了金融危机传导的概念。随后，越来越多的学者开始研究系统性风险传导的问题。Holger Wolf（2005）指出，传导的本质在于即使在没有共同变化的所有经济指标的基础上，不同市场却呈现出共同的波动。Edward（1998）则认为，“传导”实际上是一种外部冲击效应超出专家预期的情况。

金融系统具有同质性和复杂性的特征。金融机构之间通过持有的风险敞口作为关联的渠道，这使它们的收益和风险之间存在强烈的联动性。整个金融系统将所有参与者的收益和风险紧密联系在一起，形成了风险传导的基础。契约在金融系统网络中起着重要的纽带作用，这些契约的发生和履行充当了金融市场中信息和价值传递的关键通道。支付系统、金融衍生产品市场以及银行间交易市场等是契约发生的主要来源。此外，心理预期的传导也对上述物理渠道的传导起到强化作用。

金融系统内部存在两种主要关联形式，即直接连接和间接连接，这影响到系统性金融风险在金融系统中的传导。直接传导和间接传导是系统性金融风险传导的两种基本形式。直接传导的物理基础在于金融机构之间的直接联系，也称为债券债务关系，这种联系包括金融机构之间的交易、支付系统、衍生品市场等。间接传导则是在金融机构具有相似的资产负债表和相似的资产组合时发生。当一家或多家金融机构由于某种冲击被迫出售资产时，其他金融机构将根据抛售规模和所了解的信息来判断是否也应该抛售相同类型的资产，如果多家金融机构同时抛售相同资产，将导致资产价格大幅下跌，加剧金融市场的不稳定。这两种传导形式相互影响并相互强化，共同推动着系统性金融风险的传播。

随着全球经济一体化的进一步深化，跨国金融传导已成为必然趋势。国际金融市场在现代电子通信技术的迅猛发展下取得了巨大的进步，各国之间的相关性变得越来越密切。几乎所有的金融危机都能够在源头国家爆发后迅速传播到其他国家，这引发了国际社会对金融危机所带来危害的高度关注。因此，学者对系统性国际金融风险的国际传导也越发重视。

对外贸易和投资是跨国传导系统性金融风险的两个主要途径。从对外贸易的角度来看，金融危机爆发在进口国将对实体经济产生严重冲击，导致信贷规模减小和国家经济增长放缓，因此，消费者对未来将更加悲观，导致进口需求减少。对于出口国家来说，金融危机可能导致本国货币贬值，威胁到具有相似经济结构的其他国家的竞争优势。从投资的角度来看，金融机构受到系统性风险爆发导致的巨大损失，可能会撤回对其他国家的投资，这可能导致国际资本市场的动荡以及实体经济的衰退。此外，国际金融市场也是系统性金融风险跨国传导的途径之一。当某个国家或地区爆发金融危机时，会显著增加国际金融市场的系统性风险，国际金融市场可能会收缩。同时，国际金融市场通过提高其他国家的风险溢价来要求更高的回报率，这体现为“溢出效应”（Spillover Effect）和“季风效应”（Monsoonal Effect）两种形式。这两种传导途径都对危机国家造成重大伤害，尤其对发展中国家影响更为显著。

为应对跨国传导的系统性金融风险，国际社会需要加强国际合作，改善监管措施，提高风险管理水平。国际监管机构应密切关注金融市场的国际传导效应，采取措施减缓金融风险传播速度。金融机构也应加强风险管理，确保其在面临系统性风险时具备足够的抗风险能力。此外，各国政府和监管机构需要加强信息共享，以更好地应对系统性金融风险的跨国传导。只有通过国际合作和有效的监管措施，才能减轻系统性金融风险对全球金融体系和实体经济的潜在威胁，确保金融市场的稳定和可持续发展。

金融系统性风险的传导是一个复杂而重要的问题，它涉及金融市场内部关联、国际金融市场互动以及全球经济一体化趋势。了解金融风险传导的机制和途径对于金融体系的稳定和全球经济的健康发展至关重要。通过深入研究金融系统的内外部因素，加强监管和风险管理，国际社会可以更好地应对系统性金融风险的跨国传导，降低金融市场的不稳定性，从而为全球经济的可持续增长创造更有利的条件。

第二章 中国股票市场与全球主要股票市场的风险传染

第一节 中国股票市场与全球主要股票市场的关系

全球经济一体化和金融自由化的趋势使全球金融活动和风险传染的关联性日益加强，导致市场风险响应机制和传播路径变得复杂。中国融入经济全球化进程，以及国际金融市场的发展和中国对外开放的加速，进一步凸显了国际金融风险传导的重要性。本章着重探讨国际股票市场与中国股票市场之间的风险溢出效应，探讨中国金融市场面临的挑战。

金融全球化的推进导致了国际资本大规模流动，而资产的跨国跨境交易被视为国际金融风险传导的主要渠道。随着国际贸易活动的频繁发展，国家之间的经济联系逐渐密切，一个国家的经济增长开始依赖于其他国家的进口需求。当某一国家或地区遭受不良冲击时，金融波动风险可能通过资本交易渠道迅速传播到其他地区，特别是当国家之间的贸易依赖程度较高时，金融风险的传播和相互影响可能更加深刻。在这种情况下，国际重大危机事件的爆发往往会激活全球金融市场的联动性，引发风险在全球经济市场之间扩散。回顾历史，2008 年国际金融危机是自“大萧条”以来最严重的国际性金融危机事件之一，美国经济的衰退波及了世界各地的股票市场，导致许多新兴市场的股票市场出现了大幅下跌，甚至跌幅超过了美国的股市，这一事件极为突出地展示了金融危机带来的极端情形。2020 年新冠疫情暴发，各国纷纷采取入境管制、工厂停产、旅行禁令等防控措施，企业陷入亏损和倒闭，世界经济面临巨大威胁和挑战，投资者的恐慌情绪上升，全球主要经济体的股票市场受到不同程度的冲击，出现股价大幅波动。

自 2001 年正式加入世界贸易组织以来，中国积极引进外资，实施开放政策，中国对外开放步入新的发展阶段。随着全球经济一体化程度的不断提高，以及中国自身综合实力的日益增强，中国不仅是国际重要的双边贸易伙伴，还是重要投资者，中国经济发展在全球经济中具有巨大的影响力。在不断加强的贸易往来关系中，中国成为仅次于美国的世界第二大经济体。中国庞大的劳动力为生产发展提供了坚实基础，中国经济在过去几十年里依赖出口实现了指数级的增长。目前，中国正在经历大规模的工业化和城市化转型，数以百万计的人口从农村地区迁移出来，中国经济逐渐繁荣，成为全球舞台上的重要参与者。中国对外开放规模的扩大为中国资本市场提供了新的机遇，同时也为应对金融风险跨国跨境传播带来了新的挑战，尤其是在面对影响全球金融稳定的危机事件时，中国的金融市场面临防范境外风险输入的巨大压力。

考察中国股票市场经历的国际重大危机事件，可以发现，在极端危机冲击下，中国股票市场与国际股票市场之间的风险传导呈现出明显的阶段性特征。2008 年国际金融危机期间，各大经济体的股票市场受到了严重的负面冲击。在这个阶段，美国股市作为金融风险的传播源头，其股价波动引发了境外投资者的恐慌抛售行为，导致全球股市陷入动荡。最终，这种动荡效应也影响到了中国股票市场，产生了明显的风险传导。2010 年欧债危机时期，欧洲爆发的主权债务危机导致欧洲股市大幅下跌，欧洲的股票市场风险扩散到了全球，国际金融形势急剧恶化。由于欧盟是中国最大的出口目的地和最大的高技术进口来源地，欧洲股市的风险传导到了中国，导致中国股市走势疲软。到 2019 年，随着中国经济步入新常态，中国经济迅速崛起，成为全球经济的重要引擎。与此同时，中国经济结构得到全面优化，积极推动亚太地区的经济增长和进出口贸易，扩大对外资金市场的准入，加强对外资的支持，鼓励扩大外商投资领域。在这种背景下，中国股票市场对国际股票市场的风险溢出作用逐渐增强。

随着贸易自由化进程的加快，中国持续推动高水平的对外开放，市场准入日益宽松，资本流动管制逐步放松，与世界各国金融市场的壁垒越来越少。然而，中国金融市场仍然存在一些潜在的问题，如市场制度不够完善、股票市场波动较大以及缺乏稳定的股市管理机制等。特别是在应对重大突发事件时，国际股票市场之间的联动机制往往会导致全球范围内金融风险的扩散。因此，中国金融市场的监管机构需要制定应对境外风险输入的措施。在这一背景下，研究国际危机事件对中国股票市场的风险联系，测量危机对股票市场波动的地理跨境传播效应，有助于监测中国金融市场在危机事件下的动态变化规律，理解中国与世界其他国家股票市场之间的金融风险传导机制。这不仅有助于提高对全球性危机与金融市场之间风险传导链条的认知水平，还有助于加强对世界经济和金融总体运行状况的把握，降低国际股票市场冲击对中国金融市场的影响，增强应对突发危机事件和抵御风险的能力。

第二节　中国股票市场与全球主要股票市场风险传染的研究综述

经济全球化的加速推动了世界各国经济活动之间的密切联系，如今国际贸易已经超越了国界，成为全球经济的主要特征之一。国际股票市场是全球金融体系的重要组成部分，学术界一直关注着区域性和全球性市场之间的系统性风险传播效应，这是重要的研究领域之一。已经有大量的学术文献致力于研究国际股票市场之间的风险传播现象。

国际学者对跨越地理边界的股票市场之间的风险溢出效应的研究最早可以追溯到 1989 年，当时 Eun 和 Shim 采用向量自回归（VAR）模型，研究了九个主要国际股票市场之间的相互作用和风险传播效应，他们发现美国股票市场对其他市场的波动具有最大的影响力，并且可以在短期内引发欧洲和亚太地区股市的剧烈波动。随后，国内外学者纷纷对国际股票市场之间的风险传播效应进行了深入研究，他们普遍认为，经济基本面、国际经济活动以及全球性金融危机等因素会加剧全球金融市场的动荡。例如，洪永淼等（2004）学者应用金融计量方法，认为中国 A 股市场与国际市场之间的风险溢出效应几乎不存在，这可能是因为国内政策和政府市场干预的结果，而 B 股和 H 股市场容易受到外国投资者情绪、全球市场环境以及上市公司基本面的影响。Dungey 和 Martin（2007）采用动态潜在因素框架模型模拟了跨国界资本市场在 1997 年东南亚金融危机期间的潜在联系，评估了股票市场之间的风险传播效应和溢出强度，突出了跨市场联系在推动资产回报波动方面的重要性。黄飞雪等（2012）学者构建了三元 MGARCH－BEKK 模型，比较了中国、英国和美国三个国家股票指数在金融危机前后的波动溢出效应，他们认为金融危机后，美国成为全球股票市场风险的主要来源国，而中国股票市场成为最终的风险接受者。卞志村等（2021）学者研究了全球股票市场系统性风险传播的非线性演变过程和动态结构特征，结果显示全球股市风险溢出关联性复杂，投资者预期、金融联系以及经济贸易等因素是主要的跨地区风险传播渠道。Yang 等（2023）学者采用 MIDAS－CoVaR－QR 方法证明了市场外部风险溢出的可能性，并预测了中国宏观经济的冲击，结果表明全球股票市场的风险溢出可能对中国未来的宏观经济产生负面影响。

学术界对国际股票市场之间的相互依赖关系和系统性风险传播进行了广泛研究。在研究方法方面，早期的研究偏向使用定性分析评估企业和股市之间的流动性溢出效应，以便为政策制定者、金融投资机构和企业提供建议。然而，随着金融市场传播理论方法的不断发展，使用非线性方法来度量国际股票市场之间的风险溢出效应已经成为主要趋势。广泛使用的方法之一是利用广义自回归条件异方差（GARCH）模型簇及其衍生模型来计算波动溢出效应。例如，Liu 和 Pan（1997）使用 GARCH 模型研究了美国和日本对中国香港、新加坡、中国台湾和泰国的股市的平均溢出和波动溢出效应。Nishimura 和 Men（2010）采用指数广义自回归条件异方差（EGARCH）模型和交叉相关函数方法研究了中国和 G5 国家之间普通股价格日波动和隔夜波动的溢出效应。Kim 等（2015）学者使用多元 GARCH 模型估计了国家之间金融资产回报的条件相关性，研究了 2008 年美国金融危机对五个新兴亚洲国家的溢出效应。Zhang 等（2020）学者使用 GARCH－BEKK 模型构建了 G20 股票市场的波动率网络，结合空间计量经济学模型来探讨 G20 集团股票市场波动性的空间溢出效应和风险驱动因素。此外，Cheung 等（2010）学者运用 VAR 模型、格兰杰因果检验和协整向量误差修正模型（VECM）研究了 2008 年国际金融危机期间全球股票市场之间的相互影响。Yang 和 Hamori（2014）利用单变量和双变量马尔可夫转换模型研究了美国货币政策对东盟股票市场的溢出效应。

以上方法主要考虑从整体视角验证全研究样本期间两两市场之间波动

溢出效应，无法度量系统性股市网络的总溢出效应及单一市场风险溢出贡献程度以及两两市场之间溢出效应及其动态演变过程。Diebold 和 Yilmaz（2012）提出了一种测量跨市场溢出效应网络拓扑结构的方法，该方法基于广义向量自回归框架和 Pesaran 和 Shin（1998）的广义预测误差方差分解理论。这一方法的优势在于不依赖于模型中的变量排序，同时可以识别系统内的风险总溢出指数和方向性溢出指数的时变特征，而不需要设置 VAR 模型的滚动窗口。基于 VAR 模型的溢出指数方法在近年来被广泛用于分析多个金融市场之间的信息溢出的复杂网络关联性。例如，周云龙和胡良剑（2019）使用这一方法测算了中国股票市场不同行业之间的动态关联性；陈声利等（2019）学者从全球范围研究了大类资产之间的风险溢出行为，揭示了大类资产之间的风险传播效应；郭文旌和侯伟（2022）利用时变参数向量自回归（TVP - VAR）模型和 DY 溢出指数方法研究了加密数字货币市场与全球股票市场之间的均值溢出关联关系；Choi 等（2023）学者使用该方法分析了国际股市之间的上行和下行风险连通性，解释了特定危机事件（如国际金融危机、欧债危机和新冠疫情）加剧国际股市溢出效应的原因。

值得注意的是，传统 VAR 模型虽然能够捕捉溢出指数的时变特性，但是在很大程度上受滚动窗口宽度选择的影响。当滚动窗口设置过小时，建模结果可能出现异常值和突变；如果窗口设置过大，建模过程中可能无法捕获极端值。综上所述，由于涉及滚动窗口设置和分析，基于 VAR 模型的广义预测误差方差分解方法不可避免地会导致样本信息损失而增大估计误差。考虑以上缺陷，Antonakakis 和 Gabauer（2017）使用 TVP - VAR（Primiceri，2005）模型代替传统 VAR 模型，并结合 Diebold 和 Yilmaz（2009）的溢出指数，构建测度网络关联结构信息溢出指数的新方法。基于 TVP - VAR 模型的溢出指数方法可以更加灵活、稳健地捕捉原始数据底层结构变化，增强了模型动态关联性的度量。由于不涉及设置滚动窗口，计算动态溢出效应过程中可有效避免样本信息丢失，并且通过带有遗忘因子的卡尔曼滤波参数估计过程对极端值不敏感。考虑到异方差过程通常优于同方差（Koop and Korobilis，2014），该方法中的时变方差—协方差结构有助于获得更加符合现实经济意义的结果。已有大量研究使用基于 TVP - VAR 模型的溢出指数方法研究跨市场间的溢出效应及其受极端事件冲击的变化规律。张雪莹等（2023）利用该模型分析中美国债收益率因子溢出效应及其影响因素，发现中美国债收益率之间溢出效应具有较强时变性与非对称性。邓道才等（2022）基于金砖国家数据构建 TVP - VAR 模型，证实了美联储加息对金砖五国的溢出效应存在时变特征和结构关联性。Liu、Tang 和 Chang（2021）在使用格兰杰因果关系分析现货市场和期货市场均值溢出效应基础上，进一步利用 TVP - VAR - DY 模型分析二者之间的波动溢出效应，并认为两市场间波动溢出效应容易受金融危机和极端事件影响。

通过以上对比，传统的 GARCH 模型虽然能够捕捉溢出指数的时变和方向性特征，但受滚动窗口宽度选择的限制，容易导致样本信息的丧失和估计误差的增加。而基于 VAR 模型的溢出指数方法虽然可以捕捉溢出指数的时变特性，但涉及滚动窗口设置和分析，不可避免地导致样本信息的丧失，并增加估计误差。考虑到 TVP - VAR - DY 模型的优势，本章将采用这一模型来研究国际股票市场与中国股票市场之间的风险溢出效应及其时变特征，以期获得更符合现实经济情况的结论。

第三节　中国股票市场与全球主要股票市场风险传染的理论机理

当前对于溢出效应的影响因素已经取得了显著的研究成果，相关文献分析可将溢出效应的影响因素概括为两大类（Dornbusch et al.，2000）。第一类强调市场经济之间的正常相互依赖所引发的溢出效应。这种相互依赖关系意味着，由于贸易活动和金融联系的存在，一个国家遭受的冲击会传播到其他国家（Forbes 和 Warnock，2012）。学者 Calvo 等（1996）将这种冲击传播机制定义为基于经济基本面的传导渠道。第二类涉及与经济基本面无关，而与投资者或金融中介行为特征相关的因素。货币或金融市场之间的极端关联行为通常与市场波动较大时期的“非理性现象”有关，例如“羊群效应”、回报信心丧失以及风险厌恶情绪上升等，这些现象通常由市场新信息、经济政策和市场不确定性等引发。风险传染为某一金融市场受到冲击后产生的全球股票市场间波动溢出效应，被广泛认为是一种高度可传播的现象，且被普遍认为是由各国之间的经济贸易联系、资产跨国流动以及投资者行为等经济基本面因素引发的。溢出效应被定义为对股票市场的重大冲击会增加该市场和其他股票市场之间的收益波动和相关性（Kang et al.，2019）。

这两大类因素的影响在理解全球股票市场的行为和风险传播方面起着至关重要的作用。第一类因素强调了国际市场之间正常的经济联系，包括贸易、资本流动和金融市场的互动。这些因素导致了市场之间的相互依赖，使一个国家市场中的事件和冲击会迅速传播到其他市场，从而导致全球市场的波动。这种依赖性通常与国际市场之间的经济基本面因素密切相关，如国内生产总值（GDP）增长、国际贸易活动和货币政策。第二类因素则聚焦在市场参与者的行为和情感上，这些行为和情感可能导致市场波动和相关性的剧烈变化。例如，投资者的“羊群效应”可能导致市场出现异常的波动，大多数投资者会追随其他人的投资决策，而不是基于市场基本面作出决策。此外，市场中的情感和心理因素，如恐慌情绪、投资者信心和风险厌恶情绪，也会对市场产生重大影响。这些情感和心理因素往往与市场新闻、政策变化和突发事件相关，因此，它们可以在短时间内引发市场波动。

国际股票市场联动理论机制是一个受到广泛关注的金融领域研究课题。当前，学术界对于解释国际股票市场之间的波动溢出效应存在三种主要的理论解释，分别是经济基础假说、市场传染假说以及政策冲击假说。这些理论试图解释为何不同国家或地区的股票市场在某些时刻会表现出紧密的联动性，而在其他时刻则可能出现独立波动的现象。

经济基础假说强调各个经济体之间的贸易往来和资本流动构成了国际股票市场波动溢出的经济基础。这一假说关注经济基本面的相互关联，以及全球范围内投资者进行跨国跨境套利的行为。随着国际贸易的不断自由化，跨国交易国家之间的经济和股市不确定性会传染到国际经济危机。根据这一假说，不同国家之间存在共同的宏观经济基础，而全球化的趋势使国际经济联系更加频繁，从而导致各国资本市场之间的紧密联动。股票市场被视为反映国家经济状况的指标，其活跃程度受到国际贸易的影响。国际贸易通过两个渠道传导到股票市场的波动溢出效应。第一，当一个国家的国民收入下降时，其居民的消费需求也减少，导致本国的贸易顺差增加，进口需求减少，最终影响了贸易伙伴国的经济，使其逐渐趋于收缩；第二，金融市场的动荡可能引发汇率变化，汇率的波动会影响进出口商品的相对价格，进而影响对外贸易的正常运行。这种贸易传导渠道导致了国际股票市场之间的溢出效应。

市场传染假说强调了跨市场之间波动关联的无形机制。该理论基于两个主要传染渠道，即国家外债和资本市场。市场传染假说从行为经济学的角度出发，认为解释股市溢出不应仅限于国家宏观经济发展的角度，而应进一步考虑资本市场和市场参与者（投资者）的行为特征对股市风险传导的影响。首先，国家外债渠道方面，越来越多的国家在国际市场上发行债券，导致国家间债权和债务关系网络的形成。这一关系受到国家外债规模和清偿能力的影响，债务危机可能在国际金融交易中蔓延。当危机爆发时，金融风险会传导到其他国家，引发大规模的国际债务危机，对全球股票市场产生负面影响。其次，资本市场渠道对股市风险传播分为金融中介、投资者和资产配置三个路径。在金融危机或资本流动性不足的情况下，金融中介机构可能会抛售其他国家的股票，缓解海外流动性风险，导致危机风险在国际资本市场蔓延。此外，当全球股票市场的回报率波动较大时，投资者可能会调整投资组合，追求更高的收益，导致全球性资产配置的变化，引发股票市场波动风险的扩散。投资者还可能受到外部冲击的影响，选择减少投资，由于信息不对称，可能出现“羊群效应”，导致股票市场大幅波动，使某一市场的动荡传播至其他国家的股票市场，增加全球性金融风险。

政策冲击假说认为，汇率制度改革和国际货币政策等政策冲击的溢出效应也会加剧国际股票市场的联动性。随着我国汇率制度向更为灵活的形式转变，人民币汇率在市场供求中的作用更加凸显。这一转变主要通过国际资本流动和利率传导两种途径影响投资者的资产配置，进而影响国家股票市场的资产价格供求结构，最终对宏观经济和国际股票市场的稳定产生不利影响。例如，美国的量化宽松货币政策也对中国股票市场产生了间接影响。美国实施大规模的量化宽松货币政策导致美元在国际资本市场上的流动性增加，国际资本涌入加速，从而加剧了中国与全球股票市场之间的联动性。通过短期资本流动、对实体经济的刺激以及货币政策三个渠道，美国的政策冲击给中国带来了经济泡沫风险、贸易条件的恶化、经济体流动性过剩以及通货膨胀等问题，对中国股票市场产生了负面影响。

除了上述三个主要理论假说，地理位置因素也被广泛认为在国际股票市场的波动溢出效应中具有重要作用。例如，Ng（2000）构建了波动性溢出模型，研究了从日本和美国到六个太平洋流域股票市场的波动溢出效应。他发现，区域市场因素（如日本）或全球市场因素（如美国）对太平洋盆地市场的回报波动产生更为重要的影响。然而，Miyakoshi（2003）的研究结果与 Ng（2000）的发现不同，他发现区域因素对亚洲市场的收益溢出效应影响不显著，但对亚洲市场的波动溢出效应影响显著，而且从亚洲市场到日本股票市场的波动溢出效应存在负面影响。这些研究强调了地理位置因素在不同国际股票市场之间波动溢出效应的复杂性和多样性。

总而言之，国际股票市场联动性是一个复杂的现象，受到多种因素的影响。经济基础假说、市场传染假说和政策冲击假说提供了不同的理论视角，用于解释国际股票市场之间的波动溢出效应。同时，地理位置因素也在解释这一现象中扮演着重要的角色。了解这些机制和因素如何相互作用对于投资者、政策制定者和研究人员来说都具有重要意义，有助于更好地理解国际股票市场的行为和风险传播，从而更有效地管理投资风险并制定相关政策。因此，国际股票市场联动性的研究仍然是金融领域一个重要的课题，有助于促进全球金融市场的稳定和可持续发展。

第四节　研究方法与实证分析

一、TVP－VAR－DY 模型构建

Diebold 和 Yilmaz（2012）提出了一种通过估计滚动窗口来计算动态溢出指数的方法，称为 VAR 模型。然而，基于传统 VAR 模型的溢出指数法虽然能够捕捉溢出指数的时变特性，由于涉及滚动窗口设置和分析，不可避免地会导致样本信息损失而增大估计误差。考虑以上缺陷，Antonakakis 等（2020）使用时变参数向量自回归（TVP－VAR）模型代替传统 VAR 模

型结合溢出指数，构建测度网络关联结构信息溢出指数的新方法。基于TVP－VAR模型的溢出指数方法可以更加灵活、稳健地捕捉原始数据底层结构变化，增强了模型动态关联性的度量。由于不涉及设置滚动窗口，计算动态溢出效应过程中可有效避免样本信息丢失。但是对于许多数据频率较低的研究来说，这意味着信息损失过大。为了优化这一模型，Korobilis and Yilmaz（2018）提出了一种基于TVP－VAR模型的动态溢出指数方法，该方法可以在不手动设置滚动窗口和无数据丢失的情况下考察变量之间的动态溢出效应，称为TVP－VAR－DY模型。

TVP－VAR－DY模型基于时间方差—协方差结构，允许更灵活地察觉出不同数据底层结构中可能出现的变化。相较于传统的DY模型，该模型主要有以下三个优点：第一，由于异方差过程大部分优于同方差过程（Koop and Korobilis，2014），时变方差—协方差结构有利于模型产生更加符合经济和金融现实的回归结果；第二，在计算动态溢出指数时，由于不需要用到滚动窗口大小，也有效地避免了观测值的损失；第三，由于该模型采用卡尔曼滤波估计，因此对异常值不敏感（Antonakakis et al.，2019）。

具体而言，TVP－VAR－DY模型的构建过程如下。

首先，定义一阶TVP－VAR模型：

$$\Delta x_t = \beta_t \Delta x_{t-1} + \varepsilon_t \quad \varepsilon_t \sim N(0, \sum_t) \tag{1}$$

$$vec(\beta_t) = vec(\beta_{t-1}) + v_t \quad v_t \sim N(0, R_t) \tag{2}$$

其中，Δx_t、Δx_{t-1} 和 ε_t 为 $N \times 1$ 维向量，β_t 和 ε_t 为 $N \times N$ 维向量，参数 $vec(\beta_t)$ 和 v_t 是 $N^2 \times 1$ 维向量，R_t 为 $N^2 \times N^2$ 维向量，有：

$$\Delta x_{t-1} = \begin{pmatrix} \Delta x_{t-1} \\ \Delta x_{t-1} \\ \cdots \\ \Delta x_{t-N} \end{pmatrix}, \ \beta_t = \begin{pmatrix} \beta_{1t} \\ \beta_{2t} \\ \cdots \\ \beta_{Nt} \end{pmatrix} \tag{3}$$

在估计出时变参数后，基于Wold表示定理将TVP－VAR模型转化为TVP－VMA模型，有：

$$\Delta x_t = \sum_{i=1}^{p} \beta_{it} \Delta x_{t-i} + \varepsilon_t = \sum_{j=1}^{\infty} \Lambda_{jt} \varepsilon_{t-j} + \varepsilon_t \tag{4}$$

随后，提取TVP－VMA系数计算广义预测误差方差分解（GFEVD）

(Gary Koop, et al., 1996; Pesaran and Shin, 1998)。

在广义预测误差方差分解过程中，定义 $\phi_{ij,t}^{g}(J)$ 是从 j 到 i 的定向溢出，表示变量 j 在预测误差方差分解中对变量 i 的影响份额，有：

$$\phi_{ij,t}^{g} = \frac{\sum_{ii,t}^{-1} \sum_{t=1}^{J-1} (\iota_i' \Lambda_t \sum_t \iota_j)^2}{\sum_{j=1}^{N} \sum_{t=1}^{J-1} (\iota_i \Lambda_t \sum_t \Lambda_t' \iota_j)} \tag{5}$$

$$\phi_{ij,t}^{g} = \frac{\sum_{ij}^{g}(j)}{\sum_{j=1}^{N} \phi_{ij,t}^{g}(j)} \tag{6}$$

在式（5）和式（6）中，$\sum_{j=1}^{N} \phi_{ij,t}^{g}(j) = 1$ 和 $\sum_{ij=1}^{N} \phi_{ij,t}^{g}(j) = N$ 中的 j 表示周期的预测误差方程分解，ι_i 表示一个选定的变量（在变量 i 的位置取 1，否则取 0）。基于 GFE－VD，总溢出指数（TCI）为：

$$C_t^{g}(J) = 1 - N^{-1} \sum_{i=1}^{N} \phi_{ii,t}^{g}(J) \tag{7}$$

该指标可以用来衡量系统内部溢出的总体水平。总定向溢出指数（TO）可以表示为：

$$C_{i,t}^{g}(J) = \sum_{j=1, i \neq j}^{N} \phi_{ji,t}^{g}(J) \tag{8}$$

该指标可以衡量变量 i 对其他变量的溢出程度。总的定向溢出指数（FROM）可以表示为：

$$C_{i,t}^{g}(J) = \sum_{j=1, i \neq j}^{N} \phi_{ij,t}^{g}(J) \tag{9}$$

该指标可以用来衡量变量 i 对其他变量的溢出程度。由总方向溢出指数减去总流入指数得到总方向溢出指数（NET），有：

$$Cg_{i,t} = C_{i,t}^{g}(J) - C_{i,t}^{g}(J) \tag{10}$$

NET 可以解释为变量 i 对系统的净溢出效应。如果变量 i 的净定向溢出指数为正（负），则意味着变量 i 对系统的影响大于（小于）受系统的影响。最后，两个不同变量之间的指数可以表示为 NPDC，有：

$$NPD\,C_{ji}(J) = \phi_{ji,t}(J) - \phi_{ij,t}(J) \tag{11}$$

NPDC 表示变量 i 对变量 j 的净溢出效应。如果变量 $NPD\,C_{ji}(J) > 0$（$NPD\,C_{ji}(J) < 0$），则表示变量 i 对 j 的影响大于（小于）受 j 的影响。

二、变量选择

如表 2.1 所示，选取亚欧美三大洲八个主要的股票市场指数作为研究对象，包含代表亚太地区股市的中国内地、中国香港、新加坡，代表美洲股市的美国，以及代表欧洲股市的英国、法国、德国、俄罗斯。依据经济学假说，本章选取各经济体最具代表性的股票指数作为计算股票收益率的指标，即中国的沪深 300 指数（China）、中国香港的恒生指数（HK）、新加坡的新加坡海峡指数（Singapore）、美国的标准普尔 500 指数（US）、英国的伦敦金融时报 100 指数（UK）、法国的巴黎 CAC40 指数（France）、德国的法兰克福 DAX 指数（Germany）、俄罗斯的 RTS 指数（Russia）。所有数据均为日度数据，研究样本区间为 2008 年 4 月 1 日至 2023 年 3 月 31 日，删除因非同时交易出现的缺失值后，共计得到 3519 组样本观测值。样本期包含了 2008 年美国金融危机、2010 年欧债危机、2015 年中国股市大幅波动、2018 年中美贸易摩擦及 2022 年新冠疫情等事件。为了更好地分析危机事件冲击引起的国际股票市场风险溢出阶段性特征，后文进一步将整个研究样本区间划分为五个阶段进行动态网络分析，分别是：2008 年 4 月至 2010 年 3 月美国金融危机、2010 年 4 月至 2015 年 5 月欧债危机、2015 年 6 月至 2018 年 2 月中国股市大幅波动、2018 年 3 月至 2019 年 11 月中美贸易摩擦，以及 2019 年 12 月至 2022 年 12 月新冠疫情。所有股票指数数据均来源于东方财富 Choice 数据库。

表 2.1　　数据指标说明

区域	经济体	简称	股票指数	证券交易所
亚太地区	中国内地	China	沪深 300 指数	中证指数有限公司
	中国香港	HK	恒生指数	香港联合交易所
	新加坡	Singapore	新加坡海峡指数	新加坡海峡时报
美洲	美国	US	标准普尔 500 指数	标准普尔公司
欧洲	英国	UK	伦敦金融时报 100 指数	富时指数有限公司
	法国	France	巴黎 CAC40 指数	巴黎证券交易所
	德国	Germany	法兰克福 DAX 指数	德意志交易所集团
	俄罗斯	Russia	RTS 指数	俄罗斯证券交易系统

对原始数据取自然对数收益率来衡量股票指数日波动情况，各个股票市场对数收益率日波动水平如图 2.1 所示，可以看出，对数收益率呈现明显波动聚集特征，并且在极端危机事件爆发时间点，股票市场收益率出现大幅度波动。

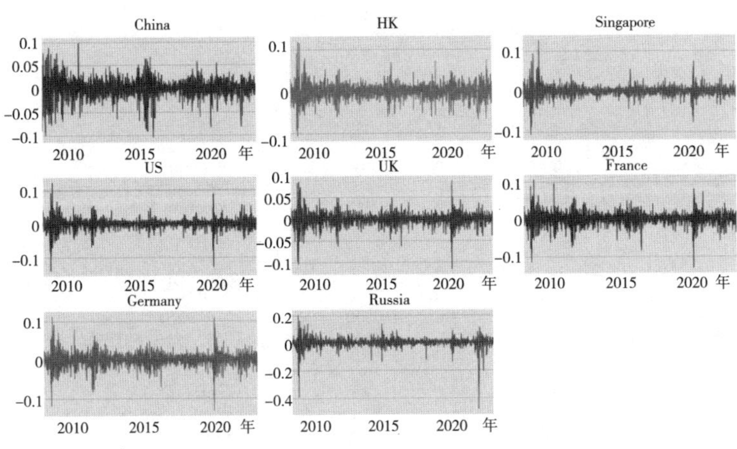

图 2.1 各国股票市场对数收益率日波动情况

表 2.2 报告了所有股票收益率的描述性统计分析结果。结合最大、最小值可以看出，各国股票收益存在较大极差；从标准偏差来看，俄罗斯股市波动最大，相比之下，新加坡和英国股市波动最小。从偏度数值来看，除新加坡外，所有国家股市对数收益率序列均呈现负偏态；所有股票市场超额峰度值均为正值，表明数据为“尖峰厚尾”分布。JB 正态性检验结果表明，所有序列在 0.01 的检验水准下为非正态分布；根据 ERS 单位根检验，所有收益率数据均为平稳过程；Q（10）和 Q2（10）相关性检验表明所有收益平方数据存在自相关。因此，可以对该组金融样本数据建立 TVP－VAR－DY 模型。

表 2.2　　各国股市对数收益率描述统计分析结果

Indicators	China	HK	Singapore	US
Mean	0.000	0.000	0.000	0.000
Maximum	0.099	0.121	0.126	0.124
Minimum	-0.103	-0.106	-0.106	-0.138
Std. Dev.	0.019	0.016	0.012	0.014

续表

Indicators	China	HK	Singapore	US
Skewness	-0. 292 *** 0. 000	-0. 131 *** -0. 002	-0. 050 -0. 223	-0. 704 *** 0. 000
Ex. Kurtosis	5. 098 *** 0. 000	7. 286 *** 0. 000	12. 820 *** 0. 000	13. 764 *** 0. 000
JB	3851. 011 *** 0. 000	7774. 095 *** 0. 000	24036. 626 *** 0. 000	27998. 112 *** 0. 000
ERS	-27. 112 *** 0. 000	-22. 027 *** 0. 000	-14. 773 *** 0. 000	-21. 907 *** 0. 000
Q（10）	16. 282 *** -0. 003	8. 979 -0. 111	15. 626 *** -0. 004	87. 957 *** 0. 000
Q2（10）	475. 073 *** 0. 000	637. 632 *** 0. 000	662. 261 *** 0. 000	1691. 681 *** 0. 000
Indicators	UK	France	Germany	Russia
Mean	0. 000	0. 000	0. 000	0. 000
Maximum	0. 089	0. 105	0. 113	0. 202
Minimum	-0. 116	-0. 131	-0. 131	-0. 483
Std. Dev.	0. 013	0. 015	0. 015	0. 163
Skewness	-0. 546 *** 0. 000	-0. 546 *** 0. 000	-0. 468 *** 0. 000	-3. 111 *** 0. 000
Ex. Kurtosis	9. 250 *** 0. 000	7. 210 *** 0. 000	7. 985 *** 0. 000	52. 909 *** 0. 000
JB	12688. 474 *** 0. 000	7776. 381 *** 0. 000	9452. 544 *** 0. 000	415063. 446 *** 0. 000
ERS	-15. 004 *** 0. 000	-15. 263 *** 0. 000	-12. 212 *** 0. 000	-26. 149 *** 0. 000
Q（10）	20. 865 *** 0. 000	12. 195 ** -0. 024	4. 900 -0. 522	8. 443 -0. 141
Q2（10）	826. 012 *** 0. 000	718. 363 *** 0. 000	495. 970 *** 0. 000	148. 312 *** 0. 000

注：本表展示了全样本期间八个股票市场收益率序列的描述性统计结果。其中，Jarque - Bera 检验为针对观测数据是否符合正态分布的拟合优度检验，原假设为序列服从正态分布；ERS 检验借鉴 Elliot - Rothenberg - Stock Point Optimal（1996）单位根检验，原假设认为序列至少含有一个单位根（序列不平稳）；Q（10）和 Q2（10）序列相关性检验采用 Fisher and Gallagher（2012）加权混合检验。***、** 和 * 分别表示在 1%、5% 和 10% 水平下拒绝原假设。

图2.2为国际股票市场收益率相关系数热力图。从图2.2可以看出，中国内地股票市场与欧洲、美洲地区股票市场间相关性相对较低，而与亚太地区其他股票市场（如中国香港、新加坡）相关性较高。进一步可以发现，中国内地股指收益率与中国香港股市相关性最高，达到54%；然而，中国香港股票市场与欧美股票市场之间的相关性均显著强于中国内地股市，中国香港股票市场与新加坡股票市场间的相关性最高，达到72%，主要是因为：其一，中国香港是国际金融中心之一，与海外市场交流密切，其开放的贸易和投资环境有助于吸引各种国际资本涌入；其二，中国香港和新加坡均是亚洲地区的金融中心，地理位置上距离很近，文化交流密切，两个市场之间资金流动和信息交流充分。然而，在投资者投资理念和市场运行机制尚不成熟的双重缺陷下，中国内地股票市场与西方较为成熟的股票市场相比还有一定差距，中国内地股市在国际资本中参与度不高，与境外市场之间的资本融合程度相对较低，股票市场开放程度也远远不及中国香港股市，仍处于相对封闭状态。此外，可以看到，欧洲地区股票市场之间相关性较高，特别是英国、法国和德国之间，德国和法国之间相关性最高，可达到94%。值得注意的是，欧洲地区与美洲地区股票市场间相关系数也

	中国内地	中国香港	新加坡	美国	英国	法国	德国	俄罗斯
中国内地	1.00	0.54	0.35	0.13	0.21	0.20	0.17	0.19
中国香港	0.54	1.00	0.72	0.32	0.48	0.46	0.44	0.43
新加坡	0.35	0.72	1.00	0.38	0.54	0.52	0.50	0.47
美国	0.13	0.32	0.38	1.00	0.64	0.65	0.66	0.41
英国	0.21	0.48	0.54	0.64	1.00	0.89	0.85	0.57
法国	0.20	0.46	0.52	0.65	0.89	1.00	0.94	0.54
德国	0.17	0.44	0.50	0.65	0.85	0.94	1.00	0.54
俄罗斯	0.19	0.43	0.47	0.41	0.57	0.54	0.54	1.00

图2.2　各国股票市场间相关性热力图

较高显著高于亚洲地区股票市场。总体而言，国际股票市场间的相关性与贸易联系、地理位置、文化交流等多因素密切相关。

下文将基于网络关联分析框架，探究国际股票市场对中国股票市场的风险溢出效应。首先，使用基于静态固定参数向量自回归的溢出指数模型，计算股市风险网络的总溢出指数、单一市场风险溢出贡献度及两两市场之间方向性溢出指数；其次，使用基于时变参数向量自回归（TVP－VAR）模型的溢出指数方法，研究各国股票市场与中国股票市场之间溢出效应的时变性和方向性；最后，以全球性危机事件为切入点，分析重大冲击作用下，两两国家股票市场之间的溢出效应强度和风险流动方向，凸显外部冲击对国际股市的波动风险，摸索市场风险溢出的交互反馈机制和传导链条。

三、实证分析

（一）风险溢出效应静态分析

表2.3为整个研究样本期间的风险溢出指数表。根据SC和HQ准则确定最佳滞后阶数为1阶，预测误差方差分解的期数为10期。基于广义预测误差方差分解计算得到总溢出指数为63.1%，这意味着超过一半的预测误差方差是源于各国股票市场之间的风险溢出。因此，风险溢出是防范金融风险必须考虑的重要因素，这也说明国际重大危机事件的不确定性对国际股票市场稳定发展影响很大。

从表2.3可以看出，（1）法国、德国、英国和美国的股票市场是主要净风险输出者，其中法国（17.7%）是最大的净风险输出者；而中国香港、俄罗斯、新加坡和中国内地的股票市场是主要的净风险接收者，其中中国内地股票市场（18.1%）是最大的净风险接收者，吸收其他经济体股票市场风险。（2）从单个经济体股票市场的溢出指数和溢入指数来看，法国的方向性溢出指数（90.9%）和溢入指数（73.1%）最高，在风险溢出体系中占主导地位，一方面，法国是欧洲经济的重要经济体之一，其经济表现可能对欧洲大陆经济表现产生影响，进而对其他国家股票市场产生影响；另一方面，法国股票市场比较敏感且对外依存度较高，容易在受到国际重大危机事件的冲击时产生股市波动风险；中国股票市场的方向性溢出指数（23.3%）和溢入指数（41.4%）最低，这可能得益于中国政府对股票市场的监管力度不断加强，以及中国股市制度的不断完善，说明我国股票市场在系统性风险防范中时刻保持警惕。（3）从市场之间的溢出和溢入指数来看，中国内地股票市场首先主要受到来自中国香港股票市场的风险溢出（18.1%），而中国内地股票市场也主要对中国香港股票市场产生风险溢出（11.5%），两个市场之间风险溢出具有对称性，但最终表现为中国香港股票市场对中国内地股票市场的净溢出效应，这可能因为中国香港是中国内地投资者进入国际市场的主要门户之一，中国香港股票市场表现会影响中国内地投资者情绪和资金流动，如果中国香港股票市场表现强劲，中国内地投资者可能会增加对中国香港股票市场的投资，间接影响中国内地股票市场。新加坡对中国内地的风险溢出为6.4%，且受到中国内地的风险溢出为4.1%，中国内地和新加坡是亚洲最具活力的金融市场之一，两个市场间资金流动对彼此都影响重大，中国内地投资者可通过新加坡上市公司进而参与新加坡市场，反之亦然，而资金流动就必然引起股票市场上的流动性风险。（4）从股市自身风险溢出效应来看，中国内地股票市场对自身股市风险传染溢出指数最大（58.6%），而中国香港股票市场自身风险溢出指数较低（36%），这说明中国香港股票市场接受约64%来自其他股票市场的风险溢入，表明中国香港股票市场开放程度更高，国际资金流动更加自由，更容易遭受国际股票市场风险冲击，而中国内地股票市场与其他股票市场间网络联动性比中国香港股票市场的要弱。

表2.3　　全样本静态溢出指数

	China	HK	Singapore	US	UK	France	Germany	Russia	FROM
China	58.6	18.1	6.4	3.7	3.6	3.4	3.1	3.1	41.4
HK	11.5	36	13.8	7.2	8.7	8.2	7.6	7	64
Singapore	4.1	14	36.1	9.5	10.2	9.8	9.1	7.3	63.9
US	1.6	4.3	5.8	37.5	14	14.9	14.9	7	62.5
UK	1.5	5.8	6.5	11.5	28.6	19.8	18	8.2	71.4
France	1.4	5.1	5.9	11.4	18.7	26.9	23	7.6	73.1
Germany	1.2	4.8	5.6	11.8	17.7	23.7	27.8	7.5	72.2
Russia	2	6.5	6.4	8.5	11.6	11.1	10.5	43.5	56.5
TO	23.3	58.5	50.4	63.5	84.5	90.9	86.1	47.7	504.9
NET	−18.1	−5.4	−13.4	1.1	13	17.7	13.9	−8.7	63.1（TCI）

（二）风险溢出效应动态分析

以上静态溢出效应分析只能在平均水平上衡量各个市场的风险溢出指数，而无法判别市场之间风险溢出的时变强度和方向。基于时变参数向量自回归的溢出指数方法不仅可识别溢出指数的时变特征，并且由于不涉及滚动窗口大小的设置，利用该方法进行建模不会造成有价值样本数据丢失。因此，在对整个样本进行静态溢出效应分析的基础上，进一步利用 TVP－VAR 模型结合溢出指数方法，得到整个样本期间国际股票市场风险溢出指数的动态表现。从时变分析的角度研究各国股票市场溢出效应的逐步演变，以便更清晰、准确地捕捉溢出指数各个特殊时段溢出指数规模和方向的波动过程。

1. 总溢出效应

图 2.3 为国际股票市场总体风险溢出指数的时变过程。可以直观看出，总溢出指数随时间推移呈现显著阶段性特征。整个样本期间的总溢出指数为 50%～70%，而在国际重大危机事件发生时风险总溢出指数可高达约 77%，这体现出金融市场对国际经济危机、地缘政治风险等极端因素十分敏感。

以重大国际危机事件为切入点，分析 2008 年美国金融危机、2010 年欧债危机、2015 年中国股票市场大幅波动、2018 年中美贸易摩擦、2020 年新冠疫情对国际股票市场风险传染的影响。2018 年 9 月，雷曼兄弟公司宣布破产后，投资者遭受巨大损失，这是美国史上轰动强度和范围最大的金融破产事件之一，股票市场暴跌导致全球市场出现自 20 世纪 30 年代“大萧条”以来最严重的经济衰退，并产生广泛连锁反应。受美国金融危机影响，国际股票市场剧烈震荡，风险总溢出指数在短期内发生明显暴涨，高达 76%。2010 年欧债危机发生后，总溢出指数持续保持高位。欧债危机事件导致全球投资风险厌恶情绪上升，同时伴随股票收益下降，投资者开始更加谨慎地看待风险。直到 2013 年，美国金融危机和欧债危机影响才渐退，全球经济曲折向好，国际股票市场风险总溢出开始下降。2015 年中国股票市场大幅波动，出现两次断崖式下跌，这对中国经济、政策、金融等产生巨大不确定性。2015 年 6 月以后，国际股票市场总溢出指数直线上行至约 70%。中国作为亚洲第一大经济体，其股票市场波动对亚洲地区甚至全球股票市场产生消极影响，中国股票市场大幅波动使国际投资者更加关注中国股票市场风险和不确定性，投资者因担心中国经济稳定性和全球经济增长，开始减少对中国市场的敞口。2018 年美国掀起中美贸易摩擦，最先受到影响的是中国股票市场。随着中美贸易摩擦升级，政治不确定性加剧投资者和企业规避股市风险情绪蔓延，短期内总溢出指数反复波动，且总体呈上行趋势。2020 年暴发的全球性新冠疫情重大突发公共卫生事件，突发疫情的冲击引起全球金融和国际资本市场出现剧烈波动，多个国家股票市场呈现断崖式下跌，其间国际股市风险总溢出指数达到历史峰值，约 77%，并且高风险传染持续时间相对更长。随着疫情开始得到有效控制，各行业开始恢复生产，国家经济逐渐恢复，股票市场随经济迎来修复行情，总溢出指数呈下行趋势。

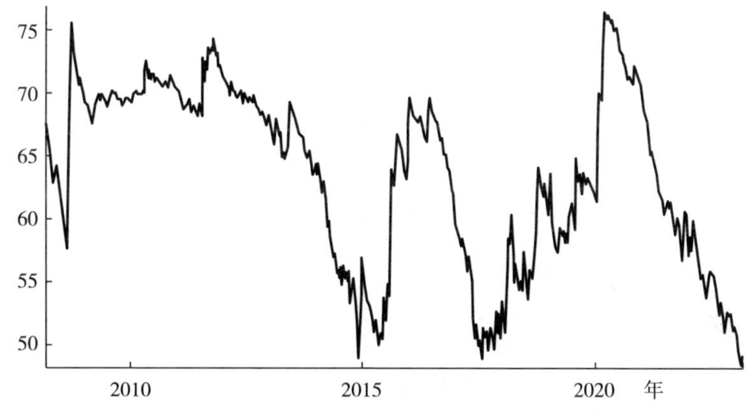

图 2.3　总溢出效应的动态分析

2. 方向性溢出

进一步从动态溢出和溢入指数分析各经济体股票市场方向性风险溢出的时序特征，如图 2.4 和图 2.5 所示。其中，图 2.4 表示总的方向性溢出指数（TO all others）的时变过程，衡量某一国家股票市场对其余股票市场的动态溢出水平；图 2.5 表示总的方向性溢入指数（FROM all others）的时变过程，衡量某一经济体股票市场波动受其余市场的动态溢入水平。

从图 2.4 中可以看出，各经济体股票市场溢出和溢入效应波动过程差异显著。德国和法国的溢出和溢入效应相对平稳，而其他股票市场波动表

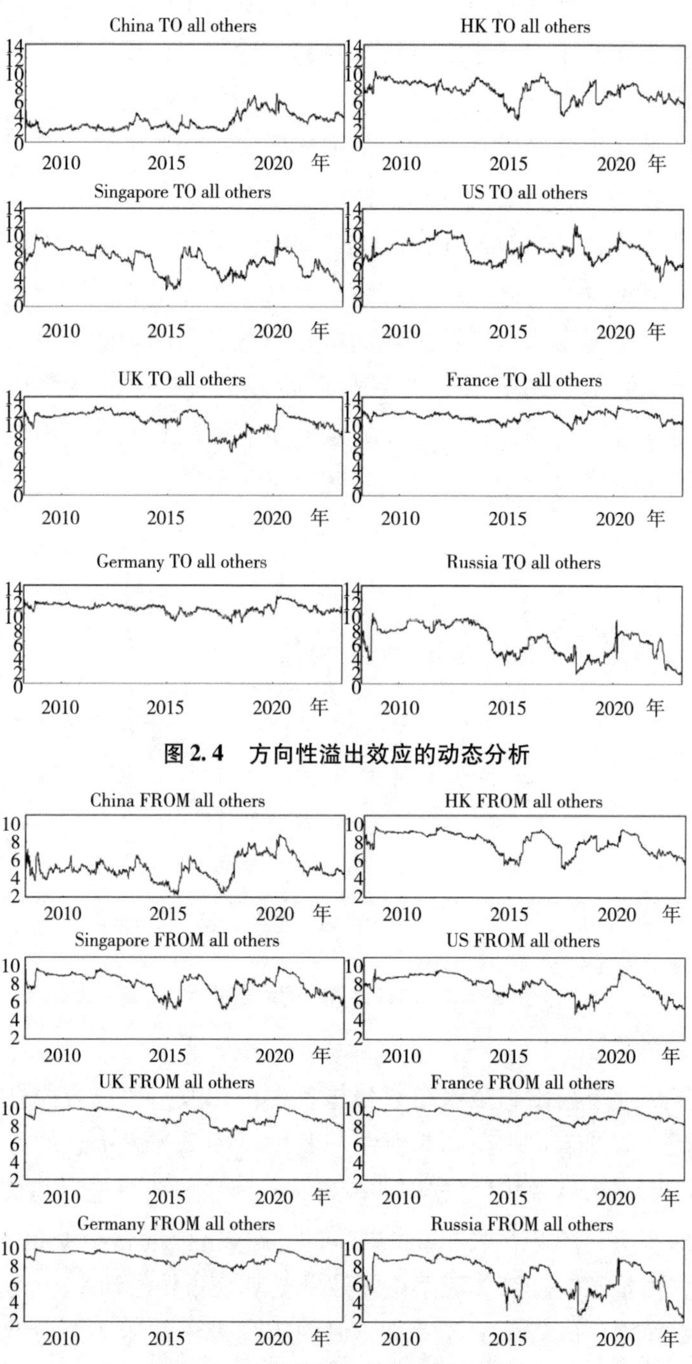

图 2.4　方向性溢出效应的动态分析

图 2.5　方向性溢入效应的动态分析

现相反，方向性溢出效应明显的波动特征正好印证了国际股票市场之间存在风险传染。在面对国际重大危机事件时，风险溢出指数表现更激烈，可以看出，中国内地、中国香港、新加坡和俄罗斯股票市场相比其他市场，时变波动性表现更加明显，虽然各个股票市场在危机事件发生的特殊时点产生较大波动，但每个市场风险溢出指数波动程度和原因不尽相同，下文以中国股票市场风险溢入和溢出指数时序特征详细阐述风险传染背后的驱动因素。

从溢出指数波动过程来看，一方面，中国内地股票市场波动溢出指数整体比溢入指数低，说明中国内地股票市场主要表现为国际股市网络中的风险接收者；另一方面，溢出指数在长期过程中表现相对平稳，2018 年中美贸易摩擦开始加剧以及 2020 年新冠疫情暴发两个阶段，风险溢出指数逐渐走高。中美贸易摩擦升级导致中国股市大幅度下跌，其间贸易政策不确定性引起投资者焦虑情绪上涨，一些投资者撤离中国股票市场，中国股票市场下跌进一步拖累全球股市。此外贸易摩擦导致的中国经济放缓也对国际股市产生负面影响，这一时期中国股市风险溢出指数逐渐上升。2020 年新冠疫情暴发，不可避免在全球引起的经济危机，全球经济贸易往来减少，投资者悲观情绪上涨，投资和消费均大幅降低，全球经济发展陷入瘫痪状态，短期内中国股票市场风险溢出指数上涨，随着中国政府采取系列封控措施，疫情得到有效遏制，投资者对经济回暖信心增加，股票市场发展趋势开始好转，溢出指数同步表现为缓慢回落。

从图 2.5 中溢入指数波动过程来看，中国内地股票市场风险溢入在 2008 年美国金融危机发生之后显著增加，是因为中国在国际经济贸易与外汇储备管理中依赖美元，在次贷危机的重创下，美国股票市场震荡对全球股票市场稳定发展蕴含巨大风险，中国股票市场也不例外；2013 年，虽然受世界金融危机影响，各国经济有所好转，但危机余波仍在全球回荡。欧洲作为中国第一大经济贸易伙伴，欧债危机暴露的新问题会在很大程度上影响中国股票市场，受 2012 年美国货币量化宽松政策影响，中国股票市场风险溢入指数在 2013 年后有所上升；2015 年溢入指数重新走升，可能是全球大宗商品价格“无节制”下跌对中国股票市场产生的不利影响引起的风险传染；2018 年中美贸易摩擦发生，导致股票市场动荡，中国股票市场溢入指数继续上行；2020年新冠疫情暴发，股票市场休市，全球经济贸易供应侧与需求侧遭受严重打击，国际经济增长速度回落，金融市场持续波动，使中国溢入指数又一次达到新高点。

图2.6是各经济体股票市场净方向性溢出指数的动态过程。净溢出指数衡量单一市场对整个系统的净溢出水平，其计算数值为方向性溢出指数与方向性溢入指数的差值，当差值为正时，单一市场对系统的影响大于受系统的影响，反之，则意味着单一市场受系统影响大于对系统产生的影响。从净方向性溢出指数数值来看，在全样本期间，中国股票市场的净溢出指数几乎为负，表明中国股市受到其他市场的风险溢出效应要大于对其他市

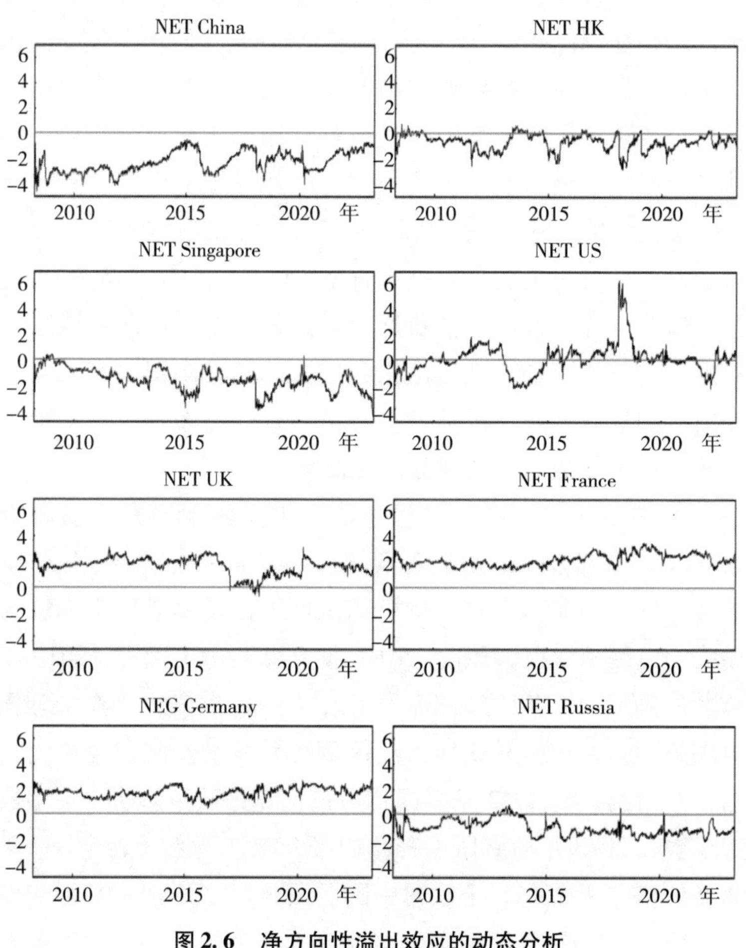

图2.6　净方向性溢出效应的动态分析

场的风险溢出效应，显著表现为风险接收者；而法国和德国股票市场的净溢出指数几乎为正，在风险传染中显著处于风险输出者的地位。同样可以看到，中国香港股票市场只有小部分时期表现风险净溢出，主要表现为风险接收者，且相对中国内地股票市场而言，其净溢入指数较小，其中可能存在海外金融风险向中国香港传导进而波及中国内地的概率，中国香港股票市场体现为风险传染中间者。而美国股票市场净溢出指数正负交替，体现其随时间变化的多样性。

3. 风险溢出效应网络分析

为了分析国家股票市场之间波动关联性以及其受极端风险冲击异质性，以国际重大危机发生为切入点，将整个研究样本区间划分为 2008 年 4 月至 2010 年 3 月美国金融危机、2010 年 4 月至 2015 年 5 月欧债危机、2015 年 6 月至 2018 年 2 月中国股票市场大幅波动、2018 年 3 月至 2019 年 11 月中美贸易摩擦及 2019 年 12 月至 2022 年 12 月新冠疫情五个典型时段，通过绘制网络拓扑图（见图 2.7）直观展示每个阶段风险溢出关联关系。其中的各个节点分别表示某一国家股票市场，灰色节点作为风险接收者，黑色节点为风险输出者，且节点大小表示该市场风险净溢出强度大小；连接两个节点的有向箭头表示两两市场之间的风险净溢出强度和方向，其中线条粗细表示其强度。表 2. 4 为子样本区间中国内地和中国香港股票市场风险溢出指数表。

第一，从中国内地与中国香港股票市场之间方向性溢入指数和溢出指数可以看出，各个子区间的中国香港溢入和溢出指数均强于中国内地，这说明中国香港股票市场与国际股票市场间的风险网络联动性相对中国内地股票市场更强，也印证了中国香港股票市场开放程度更高、资金流动自由，容易遭受国际股市风险冲击。第二，中国内地股票市场大部分时期主要受到来自中国香港的风险净溢出，而中国香港股票市场接收来自德国、法国、英国和美国的风险溢出，且显著高于中国内地，表明中国香港股票市场是中国内地股票市场与国际股票市场之间重要风险传染中介之一。第三，从各子样本区间跨区域股市风险传导网络结构可明显看到，新加坡、中国香港、中国内地及俄罗斯在国际重大危机事件发生时，更容易处于风险净接收者的地位，吸收危机期间其他国家股票市场风险，其中，中国内地在各阶段均表现出较强的风险净溢入，这说明国际重大危机风险事件爆发时，新加坡、中国香港及俄罗斯与中国内地股票市场发生同类事件频率增大。第四，考虑网络关联性强弱，欧债危机、中美贸易摩擦及新冠疫情这三个时期，国际股市风险净溢出网络强度显著增大。欧洲是一个大型经济体，欧债危机蔓延引起欧元持续贬值，对其他国家货币产生消极影响，全球经济不稳定性加剧，欧洲股市风险传导加剧了全球股市动荡不安；由于中美两股市之间关系紧密，中美贸易摩擦升级引起资金和信息冲击在国际金融市场间流动，市场间的风险溢出效应不可避免地使全球股市陷入暴跌局势；新冠疫情期间，各项疫情防控措施迫使各行业生产链和供应链中断，全球经济发展不确定性加剧，在经济下行压力加大的背景下，国际资本市场出现强烈震荡，突发公共卫生事件引发的金融风险在国际市场间交叉传染，新冠疫情暴露全球金融脆弱性（见表2.4和图2.7）。

表2.4　　子样本区间中国股票市场风险溢出指数

样本区间	经济体	总溢出指数	溢入指数	溢出指数	净溢出指数
2008年4月至2010年3月 美国金融危机	China	71.97	48.64	14.08	-34.56
	HK		75.38	73.04	-2.33
2010年4月至2015年5月 欧债危机	China	64.05	34.6	18.65	-15.95
	HK		60.2	49.44	-10.76
2015年6月至2018年2月 中国股票市场大幅波动	China	62.1	39.28	19.13	-20.15
	HK		64.32	59.98	-4.34
2018年3月至2019年11月 中美贸易摩擦	China	60.2	58.74	45.04	-13.7
	HK		64.48	55.36	-9.11
2019年12月至2022年12月 新冠疫情	China	65.4	48.13	29.19	-18.94
	HK		62.69	55.24	-7.45

4. 稳健性检验

最后，进一步检验风险溢出效应测算结果稳健性，防止模型过度依赖参数选择。通过分别设置多个时变参数向量自回归模型的滞后阶数和预测误差方差分解期数，通过比较不同模型下总溢出指数差异是否显著进而检验建模结果的敏感性。

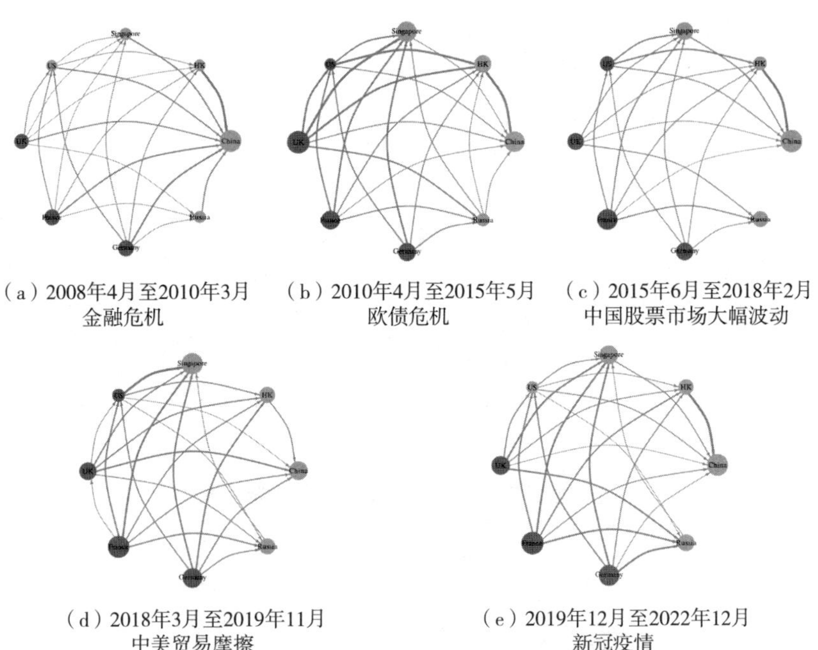

（a）2008年4月至2010年3月
金融危机

（b）2010年4月至2015年5月
欧债危机

（c）2015年6月至2018年2月
中国股票市场大幅波动

（d）2018年3月至2019年11月
中美贸易摩擦

（e）2019年12月至2022年12月
新冠疫情

图 2.7　两两之间风险溢出网络结构

由于本章选择的最佳滞后阶数为 1 阶，预测误差方差分解期数为 12，进行以下步骤：（1）保持预测误差方差分解期数为 12，并进一步增加构建 2 阶、3 阶、4 阶和 5 阶时变参数向量自回归模型分别计算风险总溢出指数，并将结果绘制在一个坐标系上，如图 2.8 所示；（2）保持最佳滞后阶数为 1 阶，将预测误差方差分解期数分别增加设置 6 阶和 18 阶，依次建立模型计算风险总溢出指数并将波动趋势绘制在同一坐标系下，结果如图 2.9所示。

结合图 2.8 和图 2.9 可以直观看出，通过控制变量，不同滞后阶数和分解期数下的总溢出指数趋势图几近重合，这意味着滞后阶数和预测误差方差分解期数的选择不会大幅度影响实证结果，可以说，本章所建模型具有稳健性。

5. 研究结论

在经济一体化和金融自由化背景下，受益于全球经济发展和网络科技进步，中国与全球其他地区的经济联系与金融投资往来日趋紧密，各经济

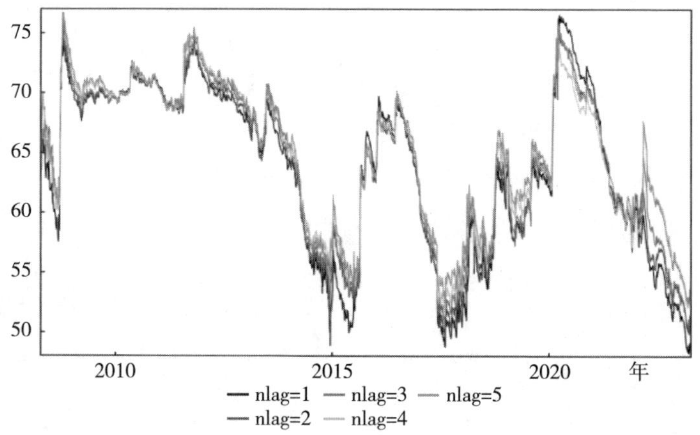

图 2.8　不同滞后阶数下总溢出指数趋势

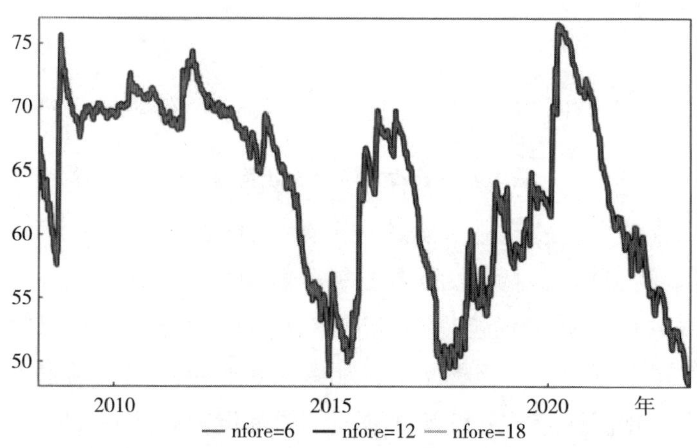

图 2.9　不同预测误差方差分解期数下总溢出指数趋势

体之间股票市场相互渗透和影响，资产跨国跨境流动性增强，随之而来的是与日俱增的全球性股票市场风险传染。为了进一步明晰重大突发危机冲击下国际股票市场对中国股票市场的风险溢出效应，本章通过建立 TVP－VAR－DY 模型，构建国际股票市场跨区域风险溢出的动态传导网络，有利于金融市场相关监管部门了解中国金融风险在危机事件下的动态演变规律，认识中国与世界其他股票市场之间的金融风险传导机制，从而采取针对性应对措施，化解金融风险传染。本章以亚欧美三大洲八个主要经济体股票市场为研究对象，构建全球性股票市场间的复杂网络，分析风险溢出在股市间的传染特征，得到以下结论。

第一，使用基于静态固定参数向量自回归的溢出指数模型，计算股市风险网络的总溢出、单一市场风险溢出贡献度及两两市场之间方向性溢出指数，得到：（1）法国是最大的净风险输出者，中国是最大的净风险接收者，吸收其他国家股票市场风险；（2）法国的方向性溢出指数和溢入指数最高，中国股票市场的方向性溢出指数和溢入指数最低；（3）中国内地首先主要受到来自中国香港的风险溢出，同时，中国内地也对中国香港产生风险溢出，两个市场之间风险溢出具有对称性，但最终表现为中国香港对中国内地的净溢出效应；（4）从股票市场自身风险溢出效应来看，中国内地对自身股票市场风险传染溢出指数最大，而中国香港股票市场自身风险溢出指数较低，说明中国香港股票市场接受超过一半来自其他股票市场的风险溢入，表明中国香港股票市场开放程度更高，国际资金流动更加自由，更容易遭受国际股票市场风险冲击，而中国内地股票市场与其他股票市场间网络联动性相对于中国香港股票市场较弱。

第二，使用基于 TVP - VAR 模型的溢出指数方法，研究各国股票市场与中国股票市场之间风险溢出效应动态演化特征，得到：（1）总溢出指数的时变波动趋势证实，重大国际危机事件（2008 年美国金融危机、2010 年欧债危机、2015 年中国股票市场大幅波动、2018 年中美贸易摩擦、2020 年新冠疫情）爆发不仅引起单一国家股票市场剧烈动荡，也会引起波动风险在全球股票市场中扩散；（2）在面对国际重大危机事件时，相比其他市场，中国内地、中国香港、新加坡和俄罗斯的时变波动性表现更加明显。在全样本期间，中国内地股票市场的净溢出指数几乎为负，显著表现为风险接收者；而中国香港小部分时期表现风险净溢出，主要表现为风险接收者，且对于中国内地而言，其净溢入指数较小，可能存在海外金融风险向中国香港传导进而波及中国内地的概率，中国香港体现为风险传染中间者。

第三，以全球性危机事件为切入点，分析重大冲击作用下，两两国家股票市场之间的溢出效应强度和方向，得出：（1）各个子区间的中国香港溢入和溢出指数均强于中国内地，这说明受极端风险冲击时，中国香港股票市场与国际股票市场间的风险网络联动性相对中国内地股票市场更强；

(2) 新加坡、中国香港、中国内地及俄罗斯在国际重大危机事件发生时，更容易处于风险净接收者的地位，吸收危机期间其他国家股票市场风险，其中，中国内地在各阶段均表现出较强的风险净溢入，可以看出，中国内地股票市场在面对极端风险冲击时往往表现得比较被动，也从侧面反映出中国内地股票市场规避风险机制仍然不够完善。(3) 欧债危机、中美贸易摩擦及新冠疫情这三个时期，两两国际股票市场之间的风险净溢出强度显著增大，且风险溢出网络更加复杂，表明跨境相互依存关系崩溃时，容易推动全球股票市场风险对外溢出和吸收水平向更高位运行。

第三章　中国股票市场与全球主要债券市场的风险传染

第一节　中国股票市场与全球主要债券市场的关系

随着全球化的深入发展，各国经济之间的联系更加紧密，不同国家间的金融市场也有着日益密切的联系。在这样的大背景下，世界各国主权债券作为重要的投资品种之一，对全球股票市场产生显著的传染效应。中国作为世界第二大经济体，其股票市场对于全球投资者来说也是一个重要的投资目标，因此，研究世界各国主权债券对中国股票市场的传染效应已成为一个热点话题。

自 20 世纪 90 年代以来，全球范围内的金融市场将更多的资金投入主权债券中，这表明了主权债券作为外部转移性风险的重要载体，其重要性越来越高。值得注意的是，主权债券的风险传递会对全球金融市场产生显著的传染效应，而这种传染效应也波及股票市场。

对中国这样一个新兴市场来说，债券市场和股票市场之间的关系尤其重要。首先，随着中国的经济地位的逐渐提高，全球范围内投资者对中国主权债券的关注度也日益提高。然而，在世界各国主权债券价格发生变化的同时，外部风险传递会直接影响中国股票市场。其次，尽管股票市场和债券市场是两个不同的实体，但实践中两者通常是相互连接的。因此，世界各国主权债券与中国股票市场之间的传染效应更需要关注和研究。

在过去二十年中，发生了多次重大金融危机，其中较为重大的包括 2000 年的互联网泡沫破裂、2008 年的美国次贷危机和 2020 年的新冠疫情引发的危机。这些危机对股票市场和债券市场都产生了重要的影响。在股票市场中，各次金融危机的影响不尽相同。由于市场担忧经济受损、公司业绩下滑以及投资者恐慌等，股票市场常常在金融危机期间出现明显下跌，但不同行业和公司受到金融危机的影响程度不同。例如，在2008年次贷危机期间，金融、地产和汽车等行业受到了严重的打击，而食品、药品、基础设施等行业则相对较为稳定。与此同时，政府和央行在金融危机期间通常会采取一系列措施来缓解市场的紧张情绪，如降息、增加财政支出以及采取救市措施等。这些政策可能会对市场产生积极影响，也存在可能产生负面影响的风险。

与股票市场类似，金融危机时期，投资者通常会转向相对安全的债券市场。这可能导致相关债券价格上涨，收益率下降。金融危机期间一些发行债券的公司或国家出现债务违约，导致债券价格下跌，收益率上升。在金融危机期间，投资者通常会将资金投向政府债券，认为其相对比较安全。因此，政府债券通常会受到市场的热捧，其价格和收益率可能出现波动。

目前，许多研究都利用了金融计量模型，例如Copula函数、向量自回归模型（VAR）、GARCH BEKK模型和CoVaR模型等，来分析中国国内或跨国金融市场之间的风险溢出规律。Copula函数可以测量金融市场中尾部依赖关系的程度，但不能提供关系的方向信息。VAR模型所揭示的格兰杰因果关系只能反映金融市场间收益率的方向性相关性，而对于相关程度并未作出深入解释。GARCH BEKK模型能够描述金融市场之间的波动溢出关系，但无法提供溢出强度方面的信息。CoVaR模型可以评估不同金融市场之间尾部风险的相关性和强度，但无法同时考虑多个金融市场之间的风险传递关系。Diebold和Yilmaz（2014）利用向量自回归模型（VAR）和方差分解方法，提出了波动溢出指数（DY指数）来评估金融市场之间的风险传递程度。该模型可以同时指示多个金融市场之间的风险传递方向和传递强度，被广泛用于研究国内外金融市场之间的波动传递。在研究动态风险溢出规律时，使用文献中提出的TVP－VAR－DY模型需要采用滑动时间窗口，同时构建多个连续的VAR模型和方差分解矩阵。这种方法在选择时间窗口长度时存在主观性，可能遗漏一些样本观测值。此外，参数值的潜在变化可能不太准确，而且离群值可能会对结果的稳定性产生影响。Antonakakis等（2020）使用时变参数向量自回归模型（TVP－VAR）进行方差分析和DY指数构建，结果显示，在时间序列的波动关联性动态测度方面，TVP－VAR－DY模型比滑动时间窗口下的 VAR - DY 模型表现更出色。

总的来说，世界各国主权债券对于中国股票市场的传染效应是一个复杂而深远影响的研究领域。研究表明，主权债券价格变化对于中国股票市场具有显著的传染效应，而且短期的波动和长期的趋势都表现出这种关联性。未来研究还需要进一步探究传染机制、影响因素等问题，以更好地理解主权债券和股票市场之间的关联，进一步提高对国际金融市场风险的认识和应对能力。

第二节　中国股票市场与全球主要债券市场风险传染的文献综述

经济运行中，主权债券市场与股票市场通常相互影响、产生溢出效应。主权债券市场主要是政府发行国债来筹措资金，而股票市场则是企业通过发行股票来融资。因为两个市场上的投资者在某种程度上是交叉的，所以其变动是互相影响的。此时主权债券市场与股票市场具有双向动态溢出效应。一方面，主权债券市场变动将冲击股票市场。主权债券市场利率上升时，主权债券收益率随之上升，使股票市场随之下降。其原因是高利率使债券市场的吸引力大于股票市场，引导股票投资者的资金向债券市场流动，造成股票市场的低迷。另一方面，证券市场的变化也会对主权债券市场产生影响。在股票市场表现较好情况下，投资者信心一般也随之上升，对政府融资信心增强。这对政府国债融资有利，主权债券市场可以卖出更多国债。因此股票市场稳定、业绩好一般都能给主权债券市场带来利好。

近年来，国内外学者开展了大量关于主权债券市场和股票市场之间的传染效应方面的研究。早期的研究针对发达国家经济体系，深入分析主权债券与股票市场之间关系的传染效应。Summers 和 Fisher（1989）通过研究美国国债和股票市场的关系，发现美国国债收益率上涨会对美国股票市场产生负面的影响，但是它的传染效应相对较小。Klitgaard（1999）通过实证研究，发现美国国债市场对美国股票市场的负面传染效应，且影响存在时滞。另一项研究（Gupta 和 Modise，2013）表明，德国、法国和意大利的国债利率的急剧上升对欧洲股票市场有传染效应。Stockman 和 Watson

(1993) 发现，日本债券市场对日本股票市场具有传染效应。Schwert (1990) 研究加拿大股票市场发现，虽然加拿大国债收益率对加拿大股票市场产生了负面影响，但它的媒介传染效应较大。德国学者 Schultz (2017) 对欧洲国家的债券市场与股票市场的关联性进行研究，发现欧洲国家债券市场利率变动对股票市场产生了明显的传染效应。美国学者 Pellegrini 等（2013）提出，当股票市场处于熊市或波动期时，债券市场成为更稳定的资产，从而吸引资金流入的机制。Devereux 和 Lane（2003）的研究表明，欧洲各国股票市场与国债市场之间存在相互关联。韩国学者 Kim 等 (2018) 研究发现，主权债券市场对一些国家股票市场的传染效应存在差异，由此认为主权债券市场的风险传染并不普遍存在。英国学者 Phillips (2016) 研究发现，欧洲主权债券市场的变动对欧洲股票市场产生的影响波动较大，引起市场关注。Demirer and Kutan（2011）通过对 11 个新兴市场国家的数据进行研究，探讨了与主权债券市场相关的经济变量对股票市场的传染效应，发现在主权债券市场出现波动的情况下，新兴市场国家的股票市场波动和传染效应相对较强。Chan and Faff（1998）研究了澳大利亚和日本两国债券市场和股票市场的互动关系，发现澳大利亚股票市场具有相对较强的传染效应，但债券市场的传染效应较弱；而日本的情况恰恰相反。

国内学者史永东等（2013）通过对中国债券和股票市场的数据进行分析，研究了主权债券市场对中国股票市场的传染效应，并得出了以下结论：一方面，主权债券市场波动对股票市场的传染效应较强；另一方面，由于传染效应的存在，主权债券市场的波动对股票市场造成的影响随着时间的推移逐渐增强。王方阳等（2019）考虑国际债券收益率风险，发现国际债券市场不利消息对中国股票市场的影响，而且这种影响会因为不同股票市场的行业类型有所差异。周红利等（2018）在研究中还考虑了市场情绪因素的影响，发现了市场情绪因素与债券收益率的变动会导致股票市场显著波动。对于中国的主权债券市场和中国股票市场之间的传染效应，董冉冉 (2010) 发现，主权债券市场对股票市场的传染效应存在显著的时滞，即主权债券收益率的变化会对股票市场产生延迟效应；Liu 和 Wu（2010）通过研究 2001 年至 2009 年的数据发现，国内债券收益率对整个中国股票市场具有显著的传染效应，而且这种传染效应随着时间的递增而逐渐增强。但是，这些传染效应的机制尚未被充分论述。孔令军等（2017）探究了中国两个市场的关联性，发现了两个市场存在一定程度的正向关联性，这种关系受到国内宏观经济政策和外部环境的影响。同样地，姜志成等（2018）利用分位数回归分析方法，也证实了中国债券市场对股票市场存在显著的传染效应。

综上所述，研究债券市场与股票市场之间的传染效应在国际经济体系中具有重要意义。上述研究通过各种不同的角度揭示出股票市场与债券市场之间相关性的存在以及不同的传染程度。然而，无论是关于中国市场还是其他发达国家市场，关于这种传染效应机制的讨论均尚不充分。因此，需要进一步探讨主权债券市场与股票市场之间的传染效应机制。

第三节　数据来源和实证分析

一、数据来源

本章采用 TVP – VAR – DY 模型，选取 2005 年 1 月 1 日至 2023 年 3 月 31 日的沪深 300 指数、英国 10 年期国债收益率、法国 10 年期国债收益率、德国 10 年期国债收益率、美国 10 年期国债收益率和中国 10 年期国债收益率日度数据为研究对象，如表 3. 1 所示。

表 3. 1　变量与定义

变量名称	变量定义	数据来源
CSI300	沪深 300 指数	中证指数有限公司
China	中国 10 年期国债收益率	中债估值中心
France	法国 10 年期国债收益率	法兰西银行
Germany	德国 10 年期国债收益率	德国央行
US	美国 10 年期国债收益率	美联储
UK	英国 10 年期国债收益率	英国央行

本章选择沪深300指数日收盘价来代表我国股票市场，主要有以下几个原因：(1) 沪深300指数所含公司覆盖了各行业代表企业；(2) 沪深300指数是中国股市中规模较大、代表大盘蓝筹股的指数。选择10年期国债收益率作为债券市场代表性指标的原因主要有以下几个方面：(1) 10年期国债是一个重要的债券品种，具有较广泛的市场参与度和流动性，它的价格变动通常能够反映整个债券市场的走势。因此，作为债券市场代表性指标，选择10年期国债是合理的。(2) 10年期国债的期限适中，并且比较长，具有一定的风险平衡特点。这种期限可以符合一部分长期资产需求者的需求，同时其风险水平通常相对比较稳定，适合一些对风险敏感的投资者进行投资或者评估风险。(3) 10年期国债的到期时间较远，政治、经济环境的改变可能会影响市场对未来10年利率走势的预期，因此该指标被广泛用于衡量对未来经济前景的预期。(4) 10年期国债作为债券市场代表性指标，历史数据比较丰富，同时在多国市场中也较常使用，这也使利用它进行跨国级别的比较分析成为可能。(5) 10年期国债利率通常会受到央行的政策影响，可以通过分析央行货币政策来推测市场对未来经济活动状况的预期和对于通货膨胀的关注程度，具有一定的宏观预测价值。为了消除季节性影响，采用X-12方法对所有数据进行了季节性调整。因为数据的绝对值差异很大，而且它们不是同一种类型的数据，对所有经过季节性调整的数据使用公式 $X = \frac{x - \bar{x}}{se(x)}$ 进行了标准化处理，式中，X 表示变量；$\bar{x}$ 表示变量的平均数；$se(x)$ 表示变量的标准差。最终，为了确保数据的平稳性，对经过标准化处理的数据进行一阶差分处理。详细的变量统计分析如表3.2所示。

表3.2　变量的描述性统计结果

	样本量	最小值	最大值	均值	标准差
CSI300	4881	818.033	5877.202	3204.899	1118.219
UK	4881	0.124	5.565	2.582	1.454
France	4881	-0.699	4.844	2.074	1.521
Germany	4881	-0.85	4.79	1.767	1.643
US	4881	0.52	5.26	2.792	1.103
China	4881	2.482	5.222	3.447	0.510

二、实证分析

（一）债券市场与中国股票市场波动溢出效应静态分析

本章采用广义误差方差分解法（GFEVD），研究债券市场与中国股票市场之间的溢出效应，并对溢出指数进行评估分析。在进行建模之前，采用 AIC 准则确定了 4 阶的滞后阶数，并确定了进行预测误差方差分解的期数为 10 期。如表 3.3 所示，在此情况下，FROM 表示其他变量对某一国家债券市场或中国股票市场的影响程度的溢入指数。TO 则表示溢出指数，也就是某一国家 10 年期国债收益率或中国股票市场对其他变量的溢出水平。

表 3.3　　债券市场与中国股票市场溢出效应静态分析

	CSI300	UK	France	Germany	US	China	FROM
CSI300	89.8	1.8	1.7	1.9	2.2	2.7	10.2
UK	1.8	52.7	16.2	8.9	18.5	1.8	47.3
France	1.7	16.3	57.5	10.2	12.7	1.6	42.5
Germany	2.9	16.2	17.1	41.4	20.3	2.1	58.6
US	2.3	18.5	12.5	6.4	58.2	2.0	41.8
China	4.7	3.1	2.6	2.5	4.1	83.0	17
TO	13.4	55.9	50.1	29.9	57.8	10.3	217.4
TOTAL	103.2	92.3	107.6	71.3	116	93.2	36.2

根据表 3.3 的分析结果，可以看出，各国债券市场的波动溢出效应对整个市场的极端风险有着重要的影响，平均波动溢出指数达到了 36.2%。这意味着除了各自的内在因素外，不同国家债券市场之间的相互影响也是导致市场风险增加的重要因素之一。中国股票市场对美国债券市场的溢出指数高达 4.7%，而美国债券市场对中国股票市场的影响仅为 2.2%；中国股票市场对英国债券市场的溢出指数值为 1.8%，英国债券市场对中国股票市场的溢出指数值为 1.8%；中国股票市场对法国债券市场的溢出指数值为 1.7%，法国债券市场对中国股票市场的溢出指数值为 1.7%；中国股票市场对德国债券市场的溢出指数值为 2.9%，同时德国债券市场对中国股票市场的溢出指数值为 1.9%，这说明中国股票市场与美国、英国、法国、德国债券市场之间存在一定的双向波动溢出效应。另外，不同国家间

的债券市场对其他国家的债券市场的溢出指数都较高，这符合不同国家经济发展水平不一、财政政策和货币政策不同，进而波动性较强的特点。中国债券市场相比其他国家债券市场，更容易受到外部市场的影响，但是中国债券市场对其他市场的波动溢出影响较小，也就是说，中国债券市场更倾向于承接外部市场的波动溢出，而不是主动影响其他市场。通过对比五个不同国家债券市场与中国股票市场的波动溢出效应静态分析，可以发现，美国债券市场对中国股票市场的溢出和溢入水平最高，这表明美国在全球经济中的地位非常重要，是全球最大的经济体之一，其债券价格和利率波动可能会引起其他国家股票市场、外汇市场和商品市场的波动。其中，随着债券价格的上涨，债券收益率下降，可能会对货币政策、金融市场的稳定性、经济增长等产生影响。

（二）债券市场与中国股票市场波动溢出效应动态分析

表3.3显示了整个样本期间各个变量的平均水平，不能体现出各个市场间时变特征及相互影响，因此受特殊事件影响时市场波动情况有可能发生大幅起伏。本章对市场间动态溢出指数作进一步的分析，具体见图3.1。

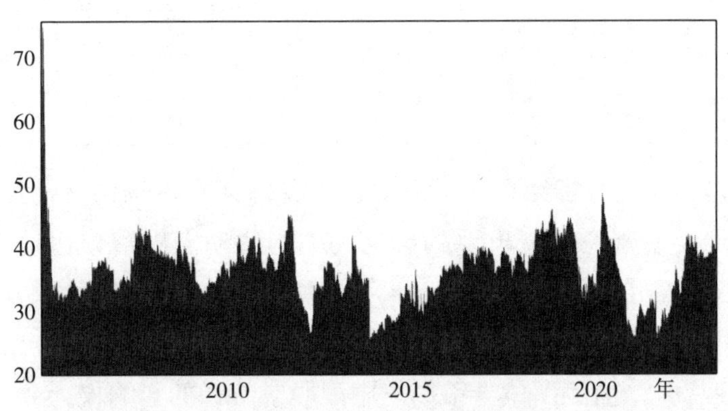

图3.1 债券市场与中国股票市场波动溢出的总体水平

从图3.1可以推断出，在整个样本期间内，债券市场与中国股票市场的总溢出指数波动幅度通常为25%～40%，但在几次金融极端风险事件发生时，该溢出指数的最高值甚至达到了约75%。这说明波动溢出指数对于某些极端经济事件的反应非常敏感，而静态分析无法揭示在特定经济冲击下不同市场之间的相互影响。在我国金融初步开放阶段（1978—1993 年），政府采取了一系列改革开放措施，包括建立股份企业、发行国债、允许外商投资等。同时，中国也开始派遣金融专家到国外学习金融知识和经验。试验开放阶段（1994—2005 年），我国在上海、深圳等地区，进行金融市场的试验性开放。在这个阶段，外资银行可以进入中国市场，中国境内的金融机构可以在国际市场上发行债券等。全面开放阶段（2006 年至今），我国加快了金融市场的开放进程，进一步扩大了外资银行的准入，放松了外汇管制，允许外国金融机构在中国提供更多的金融服务。同样，中国境内的金融机构也可以更方便地参与国际市场上的金融交易。随着我国金融市场开放程度逐渐提高，我国股票市场受国际金融环境的影响也在不断提升。

由于 2005 年股市暴跌、2008 年次贷危机、2018 年中美贸易摩擦以及 2020 年新冠疫情等极端事件的冲击，债券市场与中国股票市场的波动溢出指数明显上升，在此后的一段时间逐渐趋于平稳。2005 年是改革年，从宏观经济角度来看，传统的高耗能、高污染的经济增长模式已经不适应当前的经济形势，因此调整经济增长方式成为当务之急。从股改大背景的角度来看，市场一直在起伏不定。市场的买卖行为、市场的思维方式，以及市场的竞争格局都在发生着深刻的变化。2005 年上半年 A 股市场快速下滑，2005 年 6 月上证指数跌破千点大关，创下了自 1998 年以来的最低点 998.23。但接下来市场出现一定的反弹迹象，形成了一个局部的“双底”。随着下半年的到来，市场逐渐走高，但也不断经历震荡。随着宏观环境的巨变，股票市场出现了许多异常现象。2005 年，我国股票市场在市场崩盘的冲击下剧烈波动，不同行业的股票受到了共同的外部冲击，这导致不同市场的股票价格出现了类似的涨跌趋势。同时，市场之间的相互影响也变得更加强烈，这加强了 A 股市场与债券市场之间的关联性。在这一阶段，中国股票市场与债券市场的溢出指数达到了历史峰值 75%，体现了两个市场之间的密切联系。2008 年次贷危机导致中国股市普遍下跌，上证指数和深证成指在 2008 年 10 月分别下跌了 26.7% 和 32.4%，直到 2009 年 3 月才出现反弹。中国许多上市公司的股票价格也受到冲击，一些公司陷入财务困境，甚至面临破产威胁。一方面，中美贸易摩擦导致投资者对经济增长前景的担忧加剧，这可能导致股市下跌。特别是在中美贸易摩擦初期，部分企业的出口订单受到影响，某些行业受到征税的影响，致使该行业的公司股价下跌。另一方面，中美贸易摩擦导致一些跨国公司考虑将产能转移到其他国家，中国市场的前景降低，导致了国内一些产业的衰退。市场一般对贸易摩擦的不确定性和市场结构调整的担忧，也会产生类似的不利影响。而2020年全球性新冠疫情暴发则把债券市场和我国股票市场波动性再次推向高峰。

上述现象可说明，当遇到极端事件影响后，债券市场与我国股票市场波动溢出指数显著上升，而当全国经济运行平稳，金融市场趋于稳定后，避险情绪减弱，溢出指数也逐步降低。

（三）债券市场与股票市场波动的方向性溢出分析

本章运用动态溢入和溢出指数进一步研究债券市场和中国股票市场方向性溢出的时序特征，图3.2和图3.3展示了相应的结果。图3.2反映了某一国家债券市场或中国股票市场的波动对其他五个债券市场产生的动态溢出效应（TO others），而图3.3则说明其他五个债券市场对某一国家债券市场或中国股票市场的波动会产生动态溢入效应（FROM others）。

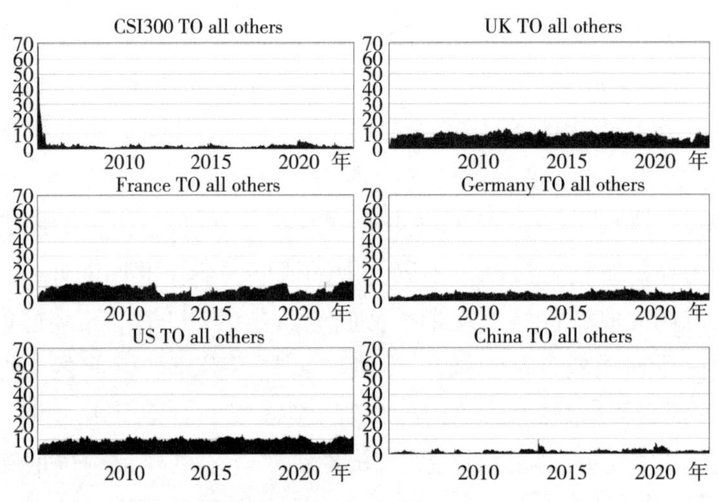

图3.2 债券市场与中国股票市场波动溢出的方向溢出（TO others）

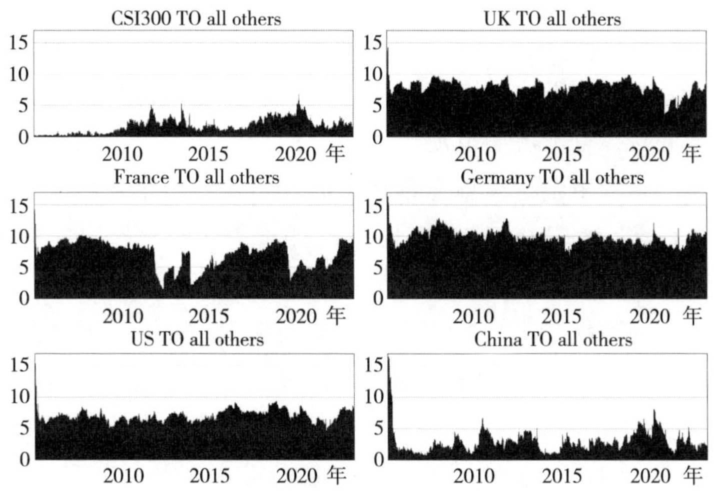

图 3.3 债券市场与中国股票市场波动溢出的方向溢出（FROM others）

由此可以得出，债券市场和股票市场的溢出效应和溢入效应的波动程度存在明显的差异，英国和德国债券市场的溢出效应相对稳定，但溢入效应的波动性更加剧烈，美国债券市场溢出效应和溢入效应均相对较为平稳，中国股票市场、法国债券市场和中国债券市场的溢出效应和溢入效应波动性都很强，印证了债券市场与中国股票市场之间存在波动溢出效应。从图 3.2 来看，与全球金融极端事件紧密相关的市场面临冲击时的波动溢出效应会更强，可见中国股票市场及中国债券市场较其他四国债券市场存在较为显著的时变特征。尽管两市场均在同一极端事件中出现显著波动，但波动溢出程度及成因却显著不同。

第一，对于股票市场而言，2005 年前后，中国资本市场加速发展，呈现出稳步上升、逐步规范的特点。一方面，2005 年前后是中国股市不断上涨的阶段，吸引了大量的境内外资金。2005 年底，上海和深圳两个主要的股票交易所上市公司数量合计达到了 1500 家。此外，中国股市还呈现出 A 股和 H 股（在中国香港上市的中国企业）的明显分化。A 股市场整体处于牛市，而 H 股市场则较为疲软。另一方面，2005 年前后的中国资本市场相对较为不规范，监管的力度和水平也有待进一步提高。这段时期出现了一些非法融资、内幕交易、各类欺诈行为，给投资者带来了不小的风险。随着监管部门的加大监管力度，市场规范化和透明度得到更多关注。此外，2005 年前后，中国资本市场还涉足了银行、保险、基金等领域，逐渐形成了全面的资本市场体系。新三板市场逐渐兴起，成为许多新兴企业的融资渠道之一。同时，资本市场也加快了国际化步伐，出现一些涉及全球市场的投资机会。总的来说，2005 年前后是我国资本市场加速成长的阶段，积累并完善了许多市场机制、制度和经验。随着市场自身发展进程的加快，以及监管和整顿力度的加强，资本市场也逐渐趋于成熟和规范。对于中国债券市场而言，2014 年前后，中国国债发展呈现出稳步上升和逐步规范的趋势。一方面，国债市场规模逐步扩大。2014 年，国债发行总规模达到 7.54 万亿元，同比增长 36.6%，其中包括财政部发行的中央政府债券和地方政府债券等。国债市场规模的扩大，为投资者提供了更多的投资选择，同时也为贴现率的引导提供了基础。另一方面，国债发行渠道逐渐多元化。除了财政部发行的债券以外，中国债券市场也逐步实现了多元化的债券发行。这些不同类型的国债发行，不仅为政府和企业提供了融资渠道，也为投资者提供更加多元化的投资选择。此外，国债市场的风险管理也逐渐得到了完善。2014 年，政府颁布了《2014 年储蓄国债发行额度管理办法》①，规范了国债发行的程序和流程。同时，银行间债券市场也逐步建立了风险管理体系，包括交易风险、清算风险和市场风险等方面的管理机制。总的来说，2014 年前后，中国国债市场规模逐步扩大，发行渠道逐渐多元化，风险管理体系逐渐完善。这为投资者提供了更多的机会和选择，并为中国债券市场的稳健发展奠定了基础。这段时期中国股票市场的波动幅度始终较大，随后逐渐趋于平稳，2017 年波动效应下降至最低点。

第二，自 2018 年中美贸易争端爆发以来，美国频频对我国出口商品加征关税，给我国作为贸易顺差大国带来了极大冲击。这直接导致出口竞争力下降，出口额减少，并影响到了投资者对股市的预期，我国股票市场在接下来的很长时间里一直处于波动状态，出现较高的溢出效应。随着中美双方反复协商，美国于 2019 年 6 月宣布不再对我国加征关税，我国股票市场也逐渐趋于稳定。2020 年暴发的全球性新冠疫情又将股市波动推向一个新的峰值，国

① 参见 https：//www.gov.cn/xinwen/2014－03/04/content_ 2627719.htm.

内投资者在疫情暴发后更倾向于关注负面消息，从而影响股票市场投资，因此我国股票市场在相当一段时间内将保持高波动性。对于中国债券市场而言，2020 年前后，随着新冠疫情的冲击和全球经济下行压力的增加，中国国债发展面临新的考验，但总体呈现稳步发展的趋势。一方面，国债市场规模继续扩大。2020 年，中国国债发行总规模达到 8.84 万亿元，同比增长 17.88%。另一方面，国债市场对外开放度进一步加大。2020 年，中国债券市场正式加入富时罗素全球债券指数。同时，明晟（MSCI）指数等国际指数纷纷调高 A 股在其指数中的纳入因子，为外资进入中国市场提供了渠道。此外，中国国债市场的发行方式也在不断创新，包括债券期限的扩大、发行方式的多元化、发行渠道的拓宽等。例如，2020 年，中国债市短期融资券和中期票据的发行量均领先于全球其他主要债券市场。总体来说，2020 年前后，中国国债市场继续保持稳步发展的态势，对外开放度进一步加大。随着市场的不断创新和政策的支持，中国国债市场有望在未来继续发展壮大。由于多种因素的综合作用，2020 年中国债券市场出现了明显的波动溢出效应。

从以上各市场的波动对其他市场产生的冲击可以看出，随着经济全球化程度不断加深，中国股票市场和债券市场受到外资流入、资本市场开放、经济周期波动、国际贸易变化、大型公共卫生事件等影响，当某一市场的波动性显著提高时，其溢出效应会快速传递到其他市场，导致其他四个国家债券市场共同承担该市场的溢出影响。这样一来，中国债券市场和股票市场的溢入水平的波动幅度相对较为平稳。这也说明了各市场之间的溢出效应和溢入效应存在明显的差异性，证实了中国债券市场和中国股票市场之间的跨市场溢出确实存在。

在整个样本期间，图 3.4 所展示的三类能源市场和股票市场存在净方向性溢出的时变特征，这种溢出效应和溢入效应相互抵销导致市场波动。

根据图 3.4 可知，英国、美国和法国三国债券市场在整个样本期间内的净溢出指数长时间保持正值，说明这三个国家的债券市场对于中国、德国债券市场和中国股票市场的波动溢出效应更大，而接收中、德债券市场和中国股票市场带来的波动溢出效应则相对较小。此外，美国债券市场输出的溢出效应远远大于英国和法国的债券市场，长期处于输出者的地位，在风险传导中具有重要的影响力。中、德债券市场整体上表现出资金净流

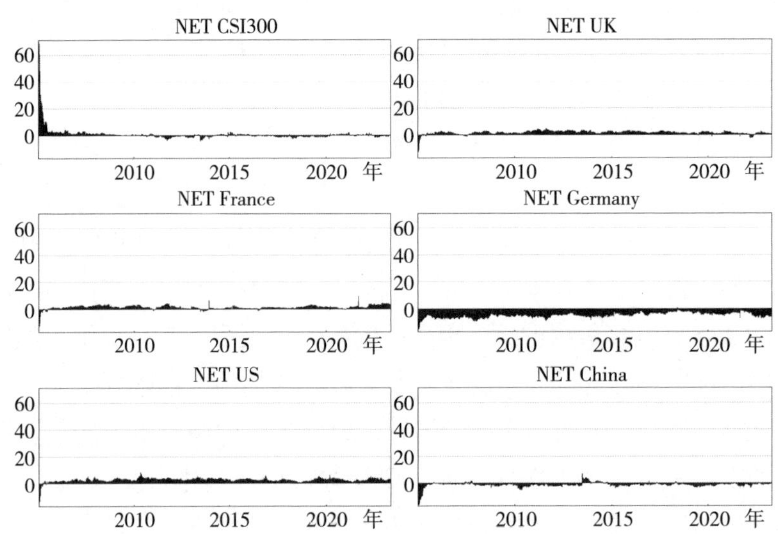

图 3.4　债券市场与中国股票市场波动的方向性溢出（NET）

入的趋势，而中国债券市场仅在 2013—2014 年出现了轻微的资金波动溢出。2013—2014 年，中国债券市场持续增长，成为全球最大的发行市场之一，根据中国债券市场协会数据，2013 年第四季度我国债券市场的规模达到了 38.3 万亿元人民币，较 2012 年增长了 12.7%。2014 年第四季度，债券市场规模达到 51.5 万亿元人民币，较 2013 年增长了 34.5%。这一增长趋势主要得益于政府债券和企业债券的不断增发以及新兴市场债券的发行；债券市场准入扩大，随着中国市场对外开放的推进和债券市场制度的改革，债券市场准入条件不断松绑，吸引了更多的发行人和投资者进入市场。例如，2013 年 12 月，中国国务院办公厅发布《国务院办公厅关于进一步加强资本市场中小投资者合法权益保护工作的意见》[①]，进一步降低中小企业债券发行门槛，债券市场发行人数量激增。债券市场不断创新，推出了多种债券品种，如地方政府债券、可转换公司债券、次级债券等。这些债券品种满足了不同投资者和发行人的需求，促进了债券市场的发展与繁荣。改革市场机制，2013 年，中国证券监督管理委员会发布《关于加强与上市

① 参见 https://www.gov.cn/zwgk/2013－12/27/content_ 2555712.htm.

公司重大资产重组相关股票异常交易监管的暂行规定》[①]，规范了公司债券的发行与交易行为，提高了市场透明度和公开性。此外，中国人民银行通过市场操作和利率政策调整，引导市场资金流向实体经济，促进了债券市场健康稳定发展。总之，2013—2014 年，我国债券市场发展迅速，债券市场规模、种类、发行人数量等各方面都取得了重要的进展，为我国经济的稳定发展提供了重要的资金支持。基于此，中国债券市场往往作为其他债券市场波动溢出的接收者，吸收来自世界各地的债券市场和中国股票市场的风险，而中国股票市场的波动溢出则呈现出交替变化的趋势，体现了股票市场波动溢出的多样性和随时间变化特点。

（四）两两市场之间的动态净溢出效应分析

根据以上分析得出结论，各个市场之间的溢出和溢入水平存在差异，但只能从上文中的趋势性溢出中推断出某一市场对其他市场的波动传导指数，而不同市场之间的相互作用和反应度各异。深入研究各国债券市场和中国股票市场之间的动态净溢出效应，可以更好地了解不同市场之间的相互关系，同时明确各市场之间波动溢出指数的差异特点以及具体的波动溢出方向，从而提高对市场间影响的理解。

根据图 3.5 可知，在 2009—2010 年前，英、法、德、美债券市场对中国股票市场波动溢出净输出，而中国股票市场是波动溢出净输入方。2008 年次贷危机严重冲击了全球金融市场，包括债券市场。英国、法国、德国和美国等主要发达经济体的债券市场也受到了影响。2008 年金融危机初期，英国债券市场表现较好，因为投资者避险需求增加，往往会购买英国政府债券。随着危机的深化，英国的公共财政状况恶化，政府债券的信用风险也开始上升。这导致英国政府债券的收益率走高，价格下跌。在金融危机爆发初期，法国债券市场表现良好，因为投资者将资金从其他国家转移至法国，使用法国政府债券作为避险工具。然而，随着危机的加剧，法国的公共财政状况也恶化，政府债券的信用风险也上升。这导致法国政府债券的收益率走高，价格下跌。德国是全球最大的债券发行国之一，而且政府信贷评级一直较高。因此，德国债券市场在金融危机爆发期间表现相对较好。在危机的初期，其

① 参见 https：//www. gov. cn/gongbao/content/2013/content_ 2355041. htm.

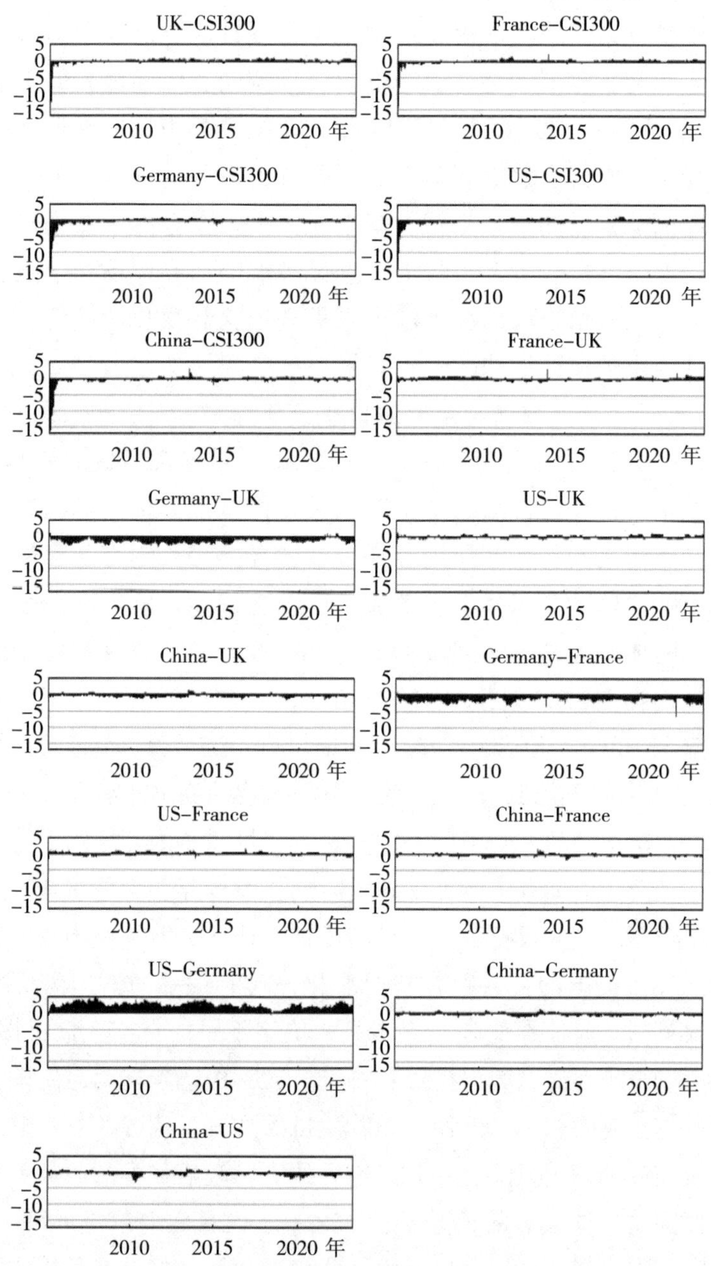

图 3.5 市场两两之间的动态溢出效应

收益率略有上升，但很快就回到了危机前的水平。美国债券市场是全球最大的债券市场之一，在金融危机期间也遭受了重创。由于美国次贷危机的爆发，许多投资银行和金融机构因不能承受巨额亏损而倒闭或被迫出售资产，这导致投资者失去信心。因此，美国政府债券的收益率上升，价格下跌。总体来说，2008 年金融危机对英国、法国、德国和美国的债券市场产生了负面影响，但其影响程度和时间长短并不相同。同时，2008 年金融危机后我国政府采取了一系列措施来应对金融危机，包括推进国内消费、加大基础设施领域投资、扩大内需等。这些政策支持也对股票市场的发展产生了积极影响。2009 年，我国股票市场实行了分权分红制度和证券保证金制度等改革，引导市场积极运作，增加了市场活跃度和吸引力。股票市场的发展离不开机构投资者的支持，在金融危机后，我国国内的社会保障基金、保险机构等大型投资机构不断壮大，资金量增加，带动了股票市场的发展。在金融危机后，我国股票市场逐步加大对外开放力度，吸引了更多的外资流入。同时，监管部门对于监管工作的加强也使市场化的程度逐步提高，运行更加健康有序。总的来说，2008 年金融危机对我国股票市场的发展产生了一定的影响，但随着政策的引导和市场体制改革的逐步推进，市场逐步恢复并呈现出稳步发展的态势。因此，在金融危机过后，我国股票市场在抵抗英、法、德、美债券市场带来的风险的能力有一定提升。

2013 年后，中国债券市场和股票市场之间的关系发生了一些变化。在此之前，中国股票市场经历了一段高速增长的时期，而债券市场相对较小且不太活跃。但随着 2013 年开始的经济下行周期和政府推出的一系列限制股市泡沫的政策，不少资金流向债券市场，债券市场逐渐成为中国资本市场的一个重要组成部分。首先，债券市场规模不断扩大。2013 年后，中国债券市场的规模快速扩大。截至 2021 年底，中国债券市场的总规模已经接近 100 万亿元人民币。债券种类也越来越多，如政府债、企业债、金融债等。这让投资者有更多选择，也降低了债券发行方的融资成本，从而加速了债券市场的发展。其次，股市泡沫破灭，在 2015 年之前，中国股票市场曾经历了一段时间的高速增长，存在大量泡沫。为了遏制过度投机，政府推出了一系列政策，包括限制融资、强制平仓以及限制大宗交易等。这些政策使股票市场投资者谨慎情绪增加，资金开始流向债券市场。再次，债券市场收益率下降，由于投资者的资金流入，债券市场的收益率不断下降。例如，2014 年，5 年期中国国债收益率约为 3.5%，2019 年这一收益率则降到了 1.3% 左右。这也导致更多的投资者将资金从股票市场转移到债券市场，以获取更稳定的回报。最后，投资者开始更为注重风险管理，由于股票市场波动较大，投资者越来越注重风险管理。相比之下，债券市场的波动性较低，也更被市场看好。此外，2017 年以来，中国债券市场对外开放不断加强，外资进入也使市场更加国际化和规范化，进一步提高了债券市场的吸引力。总体来说，2013 年以后中国债券市场和股票市场之间的关系发生了一些显著的变化。随着经济的调整和政策的调整，债券市场逐渐成为中国资本市场的一个重要组成部分，吸引了越来越多的资金。

从中国债券市场与英、法、德、美债券市场之间的动态溢出效应可以明显看出，中国债券市场在近二十年长期处于风险承担者的角色。随着中国债券市场的国际化程度不断提高，国际投资者对于中国债券市场的关注度也在逐渐增加。这使中国债券市场的走势受到国际债券市场的影响越来越大，其中英、美、德、法等国的债券市场就是比较重要的参考。一方面，这些国家是发达经济体，其债券市场的发展历史悠久，市场成熟度和投资者参与度较高，具有一定的代表性。因此，这些国家的债券市场走势对于全球投资者来说是重要参考指标。投资者会根据这些国家的债券市场走势来判断全球宏观经济形势和市场风险等因素，进而作出投资决策。另一方面，我国债券市场的规模、流动性等与这些国家的债券市场相比，还有一些差距。因此，中国债券市场的投资者数量相对较少，市场参与度不如这些发达国家的债券市场。因此，投资者更倾向于根据这些国家的债券市场走势来进行投资，以获取更为可靠和稳定的收益。总体来说，近二十年来，中国债券市场逐渐国际化，成为全球投资者关注的焦点。而发达国家的债券市场则是全球债券市场的重要参考，其走势对于全球投资者来说都具有重要的指导意义，因此对中国债券市场产生了一定的影响。

从英、法、德、美债券市场之间的动态溢出效应中，可以看出美国债券市场在近二十年表现为波动溢出净输出者，而德国债券市场则是波动溢出净输入者。作为全球最大的债券市场之一，美国债券市场对全球市场的影响很大。美国长期国债收益率的变化通常会引起其他国家长期国债收益率的波动。如果美国国债利率上升，其他国家国债利率也可能面临上涨的压力。全球利率下降时，这一趋势尤其明显。在全球经济形势不稳定和风险偏好下降时，投资者通常会转向安全的避险资产，如美国国债。对于英、德、法等国的国债市场来说，这种积极的避险情绪也可以带来类似的影响。由于货币政策具有全球性影响，美国国债收益率的变化可能会影响其他国家央行的货币政策制定。例如，如果美国加息，其他国家央行也可能跟随加息，以保持汇率稳定。美国债券市场的波动也可能会引起资本流向其他国家债券市场。如果美国国债收益率上升和市场波动，大量海外投资者可能会将资金从美国转移到英、德、法等国债券市场，以寻求更稳定的回报和避险。因此，美国债券市场对英、德、法债券市场有着重要的影响，尤其是在全球货币政策一体化、资本市场相互联通的背景下。同时，美元和英镑是全球主要储备货币。美国和英国是德国的主要贸易伙伴，德国的货币政策和经济受到美国和英国经济状况的影响。因此，美国和英国的经济衰退或复苏将对德国债券市场产生直接影响。德国作为欧洲的经济引擎，其地理位置和风险水平与英、美、法有着密切联系。这种联系在欧元区成立后进一步强化。因此，英、美、法债券市场的走势也往往会对德国债券市场产生影响。英、美、法是全球三大经济体，它们的经济环境和政策变化等都会对其他国家产生影响。例如，英、美、法决定升息或降息，可能会影响到德国国内央行货币政策的制定。同样地，英、美、法经济形势不佳可能引发全球的避险情绪，从而影响德国债券市场乃至整个欧洲的债券市场。很多全球投资者将其资产转向多个市场和产业，以降低风险并实现更好的收益率。这种多元化战略通常伴随针对英、美、法等主要市场的投资，也就使这些市场的走势与其他市场之间的关联性更加紧密。

（五）研究结论

本章采用 TVP－VAR－DY 模型，选取了 2005 年 1 月 1 日至 2023 年 3 月 31 日中、英、法、德、美 10 年期国债收益率和沪深 300 指数日度数据，进而研究中、英、美、德、法债券市场与中国股票市场之间的波动溢出效应，并探究了中国股票市场和不同国家债券市场之间波动溢出效应的变化规律。根据实证分析结果，可以得出结论：中国股票市场的波动会显著地影响中、英、美、德、法等国债券市场，存在跨市场溢出效应。市场波动的溢出效应与国内经济和金融市场的形势息息相关，同时这种效应的特征是随着时间的变化而明显改变的。从静态溢出效应的角度来看，债券市场和中国股票市场之间存在相互影响的双向波动溢出效应。无论是中国股票市场对其他债券市场的溢出指数，还是其他债券市场对中国股票市场的溢出指数，都表明了两者之间的关联性较强。中国债券市场的溢出效应比其他市场更显著，而对其他市场的溢出效应相对较小。从动态溢出效应的角度来看，波动溢出指数对于极端经济事件的反应非常敏感，一旦遭受极端事件的冲击，债券市场和中国股票市场的波动溢出指数会显著增加。随着经济金融环境的变化，债券市场和中国股票市场的方向性溢出和溢入指数呈现出明显的时变特征，并与经济金融极端事件关联更加紧密。同时，各市场的方向性溢出和两两溢出结果也在不断变化。在大部分时间内，德国债券市场受到英、法、美债券市场的净溢出效应影响显著，而中国债券市场则对英、法、德、美债券市场表现出净溢入效应，英国债券市场与美国债券市场之间的净溢出效应相对较弱。

基于上述实证研究结论，本章提出如下政策建议：第一，建议投资者在进行投资决策时，应该考虑到债券市场和股票市场之间的波动溢出效应，以及它们对整个经济的影响。需要根据自身的风险承受能力和投资目标，选择合适的投资组合，从而实现多元化和分散化的资产配置。第二，建议政府采取措施进一步加强市场监管和风控，提高市场透明度和投资者保护水平，吸引更多国内外的投资者参与到中国股票市场和中国债券市场。此外，鼓励国内企业发行更多境内外债务融资工具，完善债券市场基础设施，增加市场流动性，以提高债券市场的深度和广度。同时，在极端事件的冲击下应加强跨国金融风险的监管合作，一方面积极稳定国内金融市场，另一方面各国金融监管部门应协同发力，联合阻断国际金融市场间极端风险的传染途径，维持国际金融市场的协调发展。第三，对中国股票市场，建议加强投资者教育和风险提示，遏制过度的短期交易和过度的杠杆投资，以避免股市波动对整个经济产生过大的负面影响。同时，加强信息披露和市场监管，提高市场透明度和公正性，吸引更多海内外机构投资者进入市场。第四，建议政府继续深化市场改革，完善市场基础设施和法律体系，推动中国债券市场国际化，吸引更多的境外机构投资者进入市场。同时也需要提高金融机构和投资者的风险意识，遏制投机行为，促进市场的健康稳定发展。

第四章　中国股票市场与全球主要货币汇率的风险传染

第一节　中国股票市场与全球主要货币汇率风险传染的作用机理

中国股票市场与外汇市场之间的依赖结构之所以值得研究，主要有以下几个原因。第一，根据彭博社的说法，人民币已经超过欧元成为全球金融中第二大使用货币，中国在世界经济中日益增长的分量增强了人民币发挥国际货币作用的潜力，人民币的高度国际化需要显著的资本账户自由化，有效的金融监管和监督，这意味着中国政府需要走向市场决定汇率。第二，自 2005 年 7 月以来，中国实施了几项重要的汇率制度改革，是提高汇率灵活性努力的一部分。2005 年 7 月 21 日，中国人民银行建立了有管理的浮动汇率制度，同时对汇率制度进行了一系列其他改革。在新的汇率机制下，人民币汇率将参考中国主要贸易伙伴的一篮子货币来管理，而不是简单地与美元挂钩。此外，自公告以来，人民币汇率变得更加灵活。从 2014 年 3 月开始，人民币被允许在一个更宽的范围内波动，将交易区间扩大 1 倍，在每日设定的汇率上下浮动 2%。2016 年 10 月，人民币正式加入特别提款权（SDR）货币篮子，使人民币更加开放。第三，中国股市在过去二十年里增长迅猛，国家经济的快速发展，使其在世界股市中变得更加突出市场。2016 年，中国股市市值超过 60 万亿元人民币。

2007—2008 年的美国金融危机引发了全球金融市场的动荡。在金融危机期间，人民币升值受到了一些西方国家，特别是美国、日本和欧盟国家的压力。除了受到金融危机的影响外，人民币升值可能还受到中国“牛市”的影响。然而，随之而来的人民币贬值震惊了包括中国股市在内的国际金融市场。自 2007—2008 年以来，上证综指从近 6000 点跌至 1700 点，跌幅约 70%。因此，一个值得研究的问题是，危机前和危机后中国汇率制度的变化，是否影响了 2005 年汇率改革后中国股市与外汇市场之间的依赖结构。进一步说，股票市场反映了经济体的增长状况。因此，研究汇率变动与股市价格之间的动态关系是很重要的，这有助于确定货币是否应该重估，并有助于预测股票价格趋势。因此，对新兴经济体中汇率与股票价格之间关系的研究对货币政策制定和股票市场参与者具有重要意义。

本章系统地整理各国汇率对中国股票市场冲击的相应机制。第一，汇率对于股市的影响要根据一国的开放程度来定。股票的涨跌受供求关系的影响。除了影响资金流向，汇率的变动对进出口贸易的影响最直接。第二，汇率对股市的影响就是通过本币和外币的兑换实现的，如果汇率上涨，外币兑换本币增多，资金进入股市市场造成需求增加，股票价格随之上涨；相反如果汇率下降，本币兑换外币增多，资金就会流向外汇市场，导致股票价格下跌。第三，汇率对股市的影响非常宏观，也非常间接。汇率对股市的影响是通过资金流向以及上市公司业绩两个方面体现的，汇率上涨时，本币升值，对出口不利；汇率下跌时，本币贬值，进口的企业就处于不利地位。基于此，可以肯定的是，汇率市场变动对中国股票市场一定会产生冲击。冲击的强度和冲击的时变趋势需要依靠模型计算。

本章以中国上海证券交易所沪深 300 指数日度数据作为中国股票市场的代理变量，并考察人民币汇率改革后的几个人民币外汇汇率市场——英镑对人民币的中间价日度数据，100 日元对人民币的中间价日度数据，港元对人民币的中间价日度数据，欧元对人民币的中间价日度数据，美元对人民币的中间价日度数据。采用 TVP - VAR - DY 方法研究时频数据的溢出效应，考察影响程度如何随时间变化，并根据时间关键点进行论证。该模型对以往的 VAR 模型和 TVP - VAR 模型进行了改进，既能考察动态溢出关系，又能考察静态溢出关系，并尽可能地防止数据丢失。该模型基于时变方差—协方差结构，允许以更灵活和稳健的方式捕获数据底层结构中的可能变化。

外汇市场和股票市场之间的关系是用两种主要理论来描述的——流动模型（Dornbusch and Fischer，1980）和股票模型。流动模型关注的是汇率变动对国际市场竞争力和贸易平衡的影响。因此，当地货币的升值（贬值）会恶化（改善）当地制造企业及其现金流的国际竞争力，降低（提高）股票价格。因此，流量模型表明汇率与股票价格之间存在正依赖结构。股票模型关注的假设是汇率是由金融资产的需求和供给决定的，汇率有助于平衡资产的需求和供给。股票价格上涨会鼓励资本外流，外国投资者对当地资产的需求增加，从而提高了当地货币的价值。因此，股价与汇率之间的关系是负的。

从经验上看，许多经济学家使用不同的方法和数据集研究了股价与汇率之间的依赖关系，但结果好坏参半。Bashir et al.（2016）发现，拉丁美洲地区的股票市场与外汇汇率呈正相关。Chiang、Yang 和 Wang（2000）表明，在 9 个亚洲市场中，股票收益与货币价值呈正相关。Phylaktis 和 Raza（2005）在协整检验和多变量格兰杰因果检验中指出，在一些太平洋流域国家，股票价格与汇率市场呈正相关。Ning（2010）研究了 G5 国家金融市场引入欧元前后股票市场与汇率之间的依赖结构，发现在两个时期每个国家的两个变量之间都存在显著的且正的尾部相互依存关系。Diamandis 和 Drakos（2011）使用协整和多元格兰杰因果检验发现，在拉丁美洲国家，股票价格和外汇市场呈正相关。Lin（2012）研究了亚洲 6 个新兴市场国家汇率与股价之间的短期因果关系和长期均衡关系，发现在危机时期，协同效应变得更强。

Soenen 和 Hennigar（1988）发现，美国股票价格与美元在一篮子 15 种货币加权后的价值之间存在很强的负相关关系。Kim（2003）用多元协整和误差修正模型研究了 1974 年至 1998 年美国股票和外汇市场之间的关系，该模型表明，无论长期或短期，股票价格与外汇市场之间都存在负相关性。Ibrahim 和 Aziz（2003）利用 1977 年至 1998 年的月度数据得出结论，马来西亚股市与外汇市场之间存在负相关关系。Tsai（2012）使用分位数回归模型估计了 6 个亚洲国家的股价指数与汇率之间的关系，发现当汇率极端时，系数呈现更显著的负相关。Yang 和 Doong（2004）用多元 EGARCH 模型研究 G7 国家的汇率时发现，汇率变化对未来股价变化有直接影响。Aloui（2007）使用相同的模型发现，美国和欧洲一些主要国家的股票价格在引入欧元前后都会影响汇率动态，而股票价格受汇率的影响较小。

Doong et al.（2005）发现，6 个亚洲国家的股票市场和汇率之间不存在长期协整关系。Mishra（2004）研究了印度股市收益与卢比汇率之间的关系。在汇率和股票收益之间的任何一个方向上都没有发现因果关系。同样地，Karacaer 和 Kapusuzoglu（2010）研究了土耳其汇率与股票收益之间的关系，发现股票收益与汇率之间没有格兰杰因果关系。Zhao（2010）考察了中国汇率与股价之间的关系，发现两者之间不存在稳定的长期均衡关系。

2007—2008 年的国际金融危机证明了风险是如何在全球市场间传递的。许多市场行为表明，一个市场出现的负面消息很快就会成为影响其他市场的普遍现象。因此，国际金融危机可以迅速蔓延到国内市场。如果中国股市与人民币汇率的相关性较高，则更有可能出现传染效应。

可以用来研究溢出的模型有很多，Wang（2022）通过 TVP - VAR 模型的连通性方法分析了五个独立环节的连通性，以识别不同环节收益和波动溢出的发送者和接收者。Zhang et al.（2021）研究了股票市场和其他领域在不同时期的静态、总和净溢出效应。他们考虑了时变的溢出关系，将 DY 模型应用于 TVP - VAR 模型，以确定不同时期的溢出效应。由于溢出路径的复杂性，他们采用了网络映射的方法来观察溢出关系，计算并比较新冠疫情期间对冲比例、最优投资组合权重和对冲有效性的变化，指导投资者调整投资组合策略。结合上述学者的研究，可以收集不同执政时期的数据，利用 TVP - VAR - DY 模型来判断党派冲突、贸易政策不确定性、移民政策不确定性与旅游休闲股之间的静态和动态溢出关系。此外，模型结果还能反映出主要的溢出源和接收源。与传统的 DY 模型相比，该模型具有三个主要优势：首先，异方差过程通常优于同方差过程，时变方差—协方差结构有利于产生更符合经济实际的回归结果。其次，在动态溢出指数的计算中，由于不涉及滚动窗口分析，不需要主观地任意设置滚动窗口的大小，有效地避免了观测值的损失。最后，由于模型是用卡尔曼滤波器估计的，因此对异常值不敏感。这些实证研究大多在对股价与汇率因果关系的认识中考虑均值效应或方差效应，或者在股票与汇率的尾部依赖结构中考虑对称效应。然而，少有相关研究从一个市场对另一个市场的角度考虑中国股票市场与人民币汇率市场的时变冲击关系，本章使用 TVP - VAR - DY 模型，并考虑金融危机、新冠疫情、俄乌冲突等突发事件前后的溢出和接收关系的变化，描述了中国股票市场与各国汇率之间的动态冲击结构。

第二节　数据来源与实证分析

一、数据来源

本章主要解决各国汇率市场对中国股票市场的冲击效应。在汇率变量的选取上选择了英镑对人民币的中间价（GBP），100 日元对人民币的中间价（JPY），港元对人民币的中间价（HKD），欧元对人民币的中间价（EUR）以及美元对人民币的中间价（USD）；中国股票指标则选取沪深 300 指数（CSI300）作为替代变量。本章收集了 2004 年 12 月 31 日至 2023 年 3 月 31 日的日度数据进行分析，这期间涵盖了人民币汇率市场化改革的大多数时间节点，以及国际金融危机。数据的描述统计如表 4. 1 所示。

表 4. 1　　描述统计

变量	观察值	平均值	标准偏差	方差	偏度	峰度	最小值	最大值
CSI300	6619. 000	0. 468	45. 777	2095. 492	－0. 951	11. 089	－391. 866	378. 179
GBP	6619. 000	－0. 001	0. 046	0. 002	－1. 025	17. 389	－0. 671	0. 395
JPY	6619. 000	0. 000	0. 033	0. 001	－0. 191	10. 773	－0. 338	0. 246
HKD	6619. 000	0. 000	0. 001	0. 000	－0. 005	19. 504	－0. 016	0. 015
EUR	6619. 000	－0. 001	0. 039	0. 002	－0. 531	18. 823	－0. 669	0. 302
USD	6619. 000	0. 000	0. 010	0. 000	－0. 500	28. 142	－0. 167	0. 114

采用 ADF 检验和 PP 检验两种方法对变量进行单位根平稳性检验，结果如表 4. 2 所示。

表 4. 2　　单位根检验

变量	检验形式（C，T，K）	ADF 检验	Prob.	检验形式（C，T，B）	PP 检验	Prob.
CSI300	（0，0，1）	－13. 379 ***	0. 000	（0，0，1）	－13. 470 ***	0. 000
GBP	（0，0，1）	－14. 993 ***	0. 000	（0，0，1）	－15. 013 ***	0. 000
JPY	（0，0，1）	－15. 403 ***	0. 000	（0，0，1）	－15. 421 ***	0. 000
HKD	（0，0，1）	－13. 948 ***	0. 000	（0，0，1）	－13. 903 ***	0. 000
EUR	（0，0，1）	－14. 680 ***	0. 000	（0，0，1）	－14. 638 ***	0. 000
USD	（0，0，1）	－14. 768 ***	0. 000	（0，0，1）	－14. 772 ***	0. 000

注：ADF 代表 Dickey－FullerTest、PP 代表 Phillips－PerronTest。*、** 和 *** 分别表示在 10%、5% 和 1% 的水平上显著。

根据表4.2可知，实证模型变量的统计量检验结果均在1%的显著性水平上拒绝存在单位根的原假设，即实证研究中的各汇率指标（GBP、JPY、HKD、EUR、USD）与中国股票指标（CSI300）均为平稳的时间序列数据，因此可以进一步展开模型参数估计。

二、实证分析

（一）静态溢出分析

计算各汇率指标（GBP、JPY、HKD、EUR、USD）与中国股票指标（CSI300）的溢出效应，结果如表4.3所示。FROM表示所有其他因素的溢出效应，TO表示该因素对所有其他因素的溢出效应。

表4.3　　变量间的静态溢出关系

	CSI300	GBP	JYP	HKD	EUR	USD	TO
CSI300	86.2	1.8	2.8	4.0	2.9	2.5	13.8
GBP	2.1	68.6	3.4	4.9	16.8	4.2	31.4
JYP	4.8	4.3	70.0	7.5	8.2	5.2	30.0
HKD	5.2	4.9	4.5	47.2	6.9	31.3	52.8
EUR	3.7	15.0	6.6	7.1	59.4	8.2	40.6
USD	3.4	3.8	4.2	33.2	7.8	47.6	52.4
FROM	19.3	29.8	21.4	56.6	42.6	51.3	221.0
NET	5.5	-1.6	-8.6	3.8	2.0	-1.1	36.8

从表4.3的结果可以看出，各变量之间的连通性为36.8，表明变量选择具有研究意义。总溢出效应接近55%，这是一个非常不错的结果，近年来基于TVP-VAR-DY模型的研究结果大部分都集中在30%~50%，这表明GBP、JPY、HKD、EUR、USD与CSI300之间存在强烈的溢出关系，也表明GBP、JPY、HKD、EUR、USD对CSI300冲击非常显著。

表4.3中，港元对人民币汇率是最大的溢出者，其次是美元对人民币汇率和欧元对人民币汇率。同时，港元对人民币汇率也是最大的接收者，其次是美元对人民币汇率和欧元对人民币汇率。这一结果与溢出方呈现的结果完全一致。这说明HKD、USD和EUR三者在溢出和接收的过程中担任了同样重要的关系，这也说明这三者对中国股票市场的影响有着举足轻

重的影响。

GBP、JPY、HKD、EUR、USD 对中国股票市场的单向溢出分别为 1.8、2.8、4.0、2.9、2.5。由此可以看出，港元汇率对中国股票市场的溢出指数最大（4.0），其次是欧元汇率（2.9）和日元汇率（2.8）。首先，汇率对股市的影响是通过资金流向以及上市公司业绩两方面来影响的。人民币对港元汇率的变化直接也关系到港澳企业的进出口贸易。通过国际贸易与海关数据可知，中国香港地区的国际贸易出口数量位居中国前列，但中国香港地区的商品产量和需求量却位于中国的中后段。由此可以看出，香港地区被作为中国对外开放的门户口岸，拥有大量的国际资源和国际航线，以及庞大的跨国公司群体。因此当港元升值时，进口货物的成本降低，而汇率升值容易导致香港出口成本增加，对企业的利润产生负面影响。当港元汇率下跌时，香港股市和房地产市场可能会受到波动影响，投资者可能会涌向更为稳定的投资，如黄金等更容易保值的产品，这会对中国股票市场产生一定的负面影响。由于欧洲距离中国的地理位置较远，欧元汇率的波动对中国股票市场的直接影响相较于港元汇率没有那么显著。但欧元汇率的波动汇率可能影响本国与国外企业的贸易竞争力。当国内汇率变化时，会影响本国企业产品的国际市场竞争力。如果汇率上涨，本国企业出口商品的价格将相对较其他国家企业上涨，使本国企业失去获取外汇的机会，影响企业的利润，最终整体经济可能会下滑；而汇率下降时，本国企业出口商品的价格将更具竞争优势，可以获取更多的外汇，而这种外汇又可以用于市场拓展，最终促进了本国经济增长，股票市场也会得到推动。对于日元汇率而言，日本与中国的地理位置相对较近，两国企业以及贸易的融合贯通性也非常强。而对于那些与日本进口业务频繁的公司来说，货币走强会增加成本，导致股票价格下跌。值得一提的是，中国和日本之间的经济联系非常紧密。中国是日本的主要进口来源，而日本则是中国的主要出口市场。因此，人民币对日元汇率对两国企业都产生着重要影响。如果人民币对日元的汇率走强，那么中国出口商可能会受到冲击，因为他们的产品变得更昂贵。与此同时，日本公司可能会从这一变化中获益，因为它们的产品变得更便宜。

反过来，中国股票市场也会对汇率市场带来一定的冲击。其中，

CSI300 对 GBP、JYP、HKD、EUR、USD 的冲击依次为 2.1、4.8、5.2、3.7、3.4。CSI300 冲击最大的为 HKD（5.2），其次为 JYP（4.8）和 EUR（3.7）。这说明，港元的汇率在一定程度上受到中国股票市场的影响，当股市表现不佳时，港元的汇率会下降，反之则相反。近几十年来，中国香港股票市场表现良好，因此港元对美元的汇率也处于稳定的状态。综上所述，港元的汇率历史走势一直处于稳定状态，尽管有小幅波动，但基本上汇率稳定在 7.75~7.85，与其他货币的汇率也较为稳定，受到股票市场的影响也会出现波动，但不会影响整体汇率的稳定性。除此之外，中国股票市场虽然对欧元汇率和日元汇率存在一定冲击，但不如港元显著。

从净溢出指数来看，GBP、JPY、HKD、EUR、USD 对中国股票市场的净溢出指数分别为 0.8、2、1.2、0.8、0.9。可以说明 GBP、JPY、HKD、EUR、USD 均为溢出方，对中国股票市场产生了冲击影响，中国股票市场为净接收方，受到了来自 GBP、JPY、HKD、EUR、USD 共同的冲击。第一，当汇率上升时，也就是人民币贬值时，股票等资本市场将会吸引大批的国内外资本流入，导致指数走高。第二，当汇率上升时，股票等资产的价格将会被重新估值，导致了股票升值，指数也会被抬高。货币的升值对于中国的经济来说影响是比较大的，尤其是对于出口的影响，与此同时，只要国际投机资本实现巨额套利就会撤离，股价和房地产价格会出现下跌。假如人民币汇率出现了较大幅度的贬值，那么在股市方面就要特别地注意了。中国 A 股沪综指曾暴跌了 163 点，跌幅一度高达 5.4%，主要是因为国际热钱撤出中国，因此，人民币汇率暴跌对于股票市场来说是一个很大的利空消息，假如人民币汇率持续走低，对股票市场的影响会越来越大。

欧元与美元汇率对其他汇率的冲击最为显著。这可能是因为欧元与美元是世界上主要的货币对之一，其汇率波动具有全球影响力。当欧元走高时，对欧洲出口不利，同时也会影响其他国家对欧元区的进口。相反，欧元贬值则会带动欧洲出口增加，提振该地区的经济。值得注意的是，近期美联储加息对汇率的影响也相当严重。加息政策通常会吸引大量资本流向美国，导致美元走强，欧元贬值。相反，如果美联储降息或宽松货币政策，将释放更多美元流入市场，从而导致欧元对美元汇率走低。

（二）动态溢出分析

1. 总溢出效应

计算所有变量之间的总动态溢出指数，结果如图 4. 1 所示。

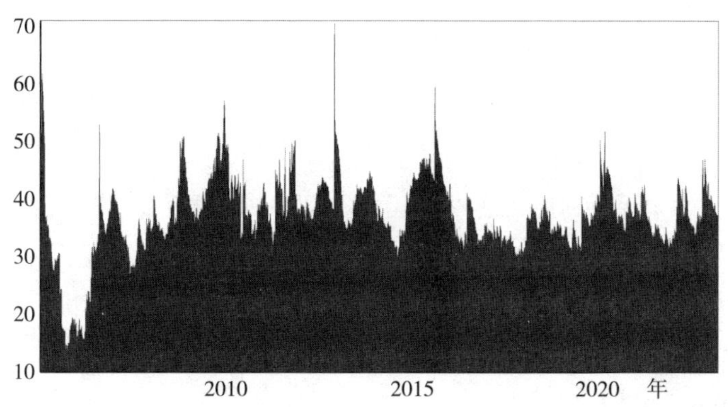

图 4. 1　中国股票市场与各汇率指标的总溢出效应

从图 4. 1 中可以看出，中国股票市场与各汇率指标的总溢出时变效应非常明显，其中 2014 年、2016 年、2020 年溢出效应格外显著。自 2020 年初新冠疫情暴发以来，由于各国对于疫情的管控力度不同，全球经济不确定性增加，人民币汇率作为制造业和贸易等经济活动的“晴雨表”，呈现出先贬值后升值的双向波动趋势，特别是 6 月之后，人民币对美元汇率随着美国疫情反弹一路走强（总动态溢出指数的数值为 49 ~ 50）。疫情冲击下，市场对汇率的担忧主要在于两点。一是疫情对全年经济增长造成冲击。鉴于疫情对消费、运输及企业开工的冲击，2020 年第一季度中国 GDP 将受到较为明显的拖累，全年 GDP 增速也会受到影响，但中国经济稳中向好的趋势不会改变（51 ~ 52）。二是中国货币政策积极释放宽松信号。央行在春节后迅速对公开市场操作“增量降价”，仅节后两天就超额投放流动性达 1. 7 万亿元，并超预期降低逆回购利率 10 个基点。人民银行在 2 月 7 日的新闻发布会上指出“要加大逆周期调节的强度”。就目前市场表现来看，节后人民币汇率还是保持了稳定偏强的走势，尤其是美元指数（101. 3649，0. 0174，0. 02%）大幅走强，从年初的 96. 3 一度升破 99，但人民币汇率比春节末期稍微升值，到 6. 98 附近。在疫情没有超预期恶化的假设下，美元指数上行空间有限，人民币汇率贬值的空间不大（53～56）。根据上述分析，汇率的波动必然对中国股市造成不可避免的影响，在新冠疫情背景下，中国股票市场与各国汇率指标之间的溢出效应尤为显著。

2013 年 12 月 31 日，美元对人民币中间价升破 6.1，标志着人民币对美元汇率中间价创 2005 年汇改以来新高。回顾 2013 年，人民币对美元总体呈现加速升值态势。据统计，2013 年全年，人民币汇率中间价已经累计 41 次创新高，上涨 1984 个基点，升值幅度几乎是 2012 年的 3 倍。2016 年溢出效应的突增可能的原因是人民币汇率与中国股市联动暴跌。针对离岸市场的人民币国际沽空机构，中国人民银行在香港发起人民币汇率保卫战，通知所有的内地商业银行包括香港中资商业银行停止人民币拆借，吸入人民币流动性，将香港人民币隔夜拆借利率提高到 167 厘，导致当天人民币汇率离岸市场暴涨 1000 点。

各变量向其他变量的动态总溢出如图 4.2 所示。

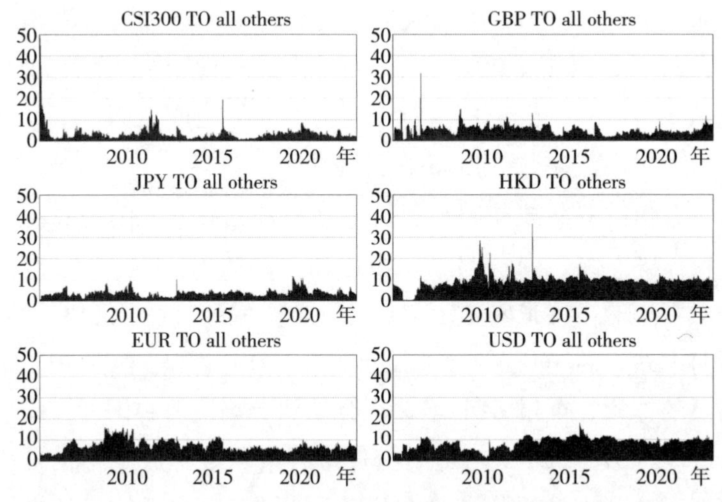

图 4.2　各变量向其他变量的动态总溢出

从图 4.2 中的溢出强度可以看出与静态分析中相似的结果：港元、欧元、美元的汇率对中国股票市场的溢出效应最为显著。值得注意的是，2005 年前后，港元汇率的溢出降到了几乎为零。欧元对中国股票市场的冲击在 2016 年左右达到了历史最低，2016 年英国脱欧事件对中国与欧盟的一系列贸易谈判产生影响。脱欧后英镑和欧元的汇率贬值，美元升值，进而带动人民币兑美元贬值。2016 年彭博数据显示，中国香港上市的 1967 只个股中，英国为 62 只个股贡献了收入。其中收入占比不低于 20% 的 11 只个股为：伯明翰环球（100%）、励晶太平洋（76%）、国浩集团（53%）、京西国际（51%）、中华汽车（49%）、电能实业（48%）、永骏国际控股（34%）、长江基建集团（28%）、意科控股（28%）、友川集团（25%）、香港交易所（20%）。英国脱欧对欧元汇率和中国股票市场均造成了剧烈冲击。

各变量接收其他变量的动态总溢出情况如图 4. 3 所示。

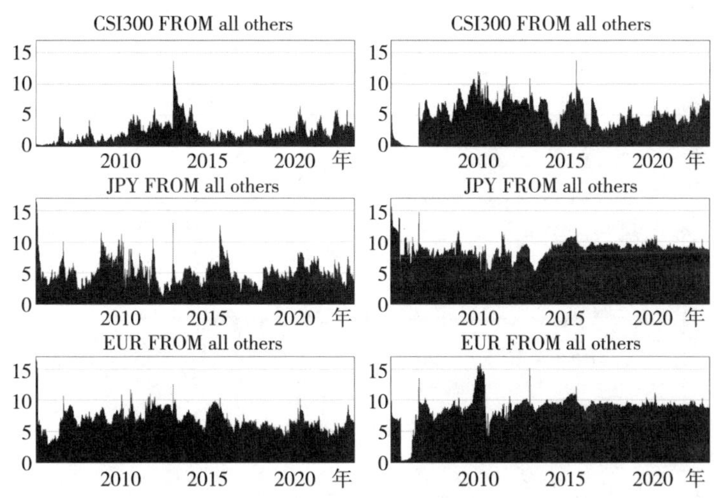

图 4. 3　各变量接收其他变量的动态总溢出

从图 4. 3 中可以看出，在 2013 年前后，中国股票市场承受来自 5 个汇率指标的总溢出达到历史高点，此后一直保持较为稳定的趋势。据中国上市公司市值管理研究中心统计，截至 2013 年 12 月 31 日，A 股总市值收盘为 23. 76 万亿元，较 2012 年末增长 3. 98%，市值增加 9106 亿元。相对于规模的小幅增长，市值结构变化格外引人注目。传统产业市值表现不敌新兴产业、国有企业市值表现落败于民营企业、大公司市值表现落后于中小公司、沪深主板市值增长落后于创业板与中小板。2013 年，虽然上证综指全年回落 6. 75%，但有接近 70% 的上市公司市值出现增长，有 72% 的行业上市公司市值实现增长，呈现出明显的结构性牛市特征。在这一过程中，国际贸易的发展和跨国公司的成立是不可或缺的一环。因此各国的外汇汇率在这一年中对中国股票市场的冲击是极为显著的。除此之外，2019—2022 年新冠疫情以及俄乌冲突期间，各国汇率对中国股票市场的净溢出也出现了阶段性高峰。

2. 净溢出效应

各变量间的动态净溢出效应如图 4.4 所示。

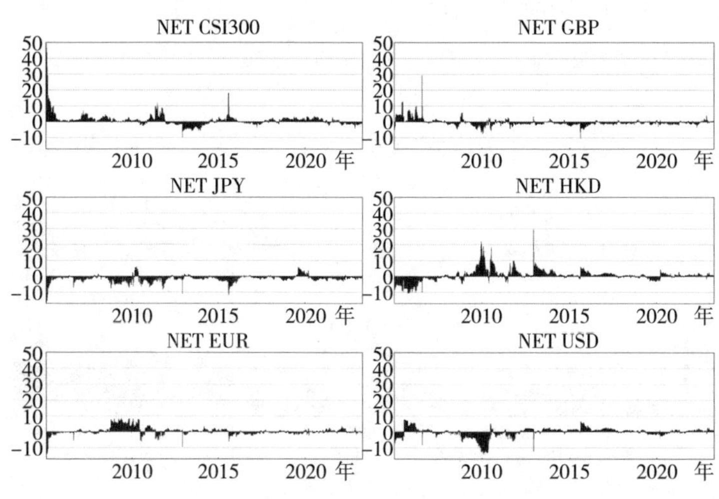

图 4.4　各变量的动态净溢出效应

从图 4.4 中可以发现，2020 年以前 CSI300 的净溢出出现过短暂的正值，这说明中国股票市场的走势在一定程度上能反作用于各国汇率的变化。然而 CSI300 的主要趋势依旧展现为净接收方，尤其是自 2022—2023 年俄乌冲突以来这样的影响更加明显，可能的原因如下。

第一，俄乌冲突导致全球经济复苏进一步放缓。俄乌冲突爆发时，全球经济复苏态势相对较好。在前期刺激性政策的支持下，无论是发达经济体还是新兴经济体大多延续了此前的复苏态势。因此，俄乌冲突爆发虽然给全球经济带来了一些影响，对能源、粮食、通胀等方面影响略大，但总体来说相对可控。能源、农业等大宗商品均具备金融属性，因此俄乌冲突对全球经济以及大宗商品的影响，必然造成各国汇率的波动。然而，当前俄乌冲突升级的影响可能比期初更大。其一，全球经济已出现放缓迹象。

由于前期刺激性政策大都已经撤出，发达经济体央行仍在收紧货币政策，再加上经济内生增长动能不足，全球经济复苏已逐渐接近尾声，开始进入周期性下行阶段。在这种情况下，俄乌冲突升级不仅会进一步恶化复苏前景，甚至可能导致全球经济陷入衰退。其二，全球经济面临多重压力。当前全球经济面临人口老龄化、全要素生产率放缓、高债务、逆全球化、贸易保护主义升级等诸多挑战。俄乌冲突升级将导致市场预期进一步走弱，对消费和投资都会产生不利影响，进而恶化全球经济复苏前景。

第二，在俄乌冲突的背景下，中国甚至全球的股票市场将显著承压。2018 年以前，地缘政治因素在整个宏观经济分析框架中属于次要因素，宏观经济分析在股票市场预测方面也处于次要地位，然而，2018 年以后，这一局面已发生根本性改变，地缘政治因素已经成为宏观分析以及股票市场重要的边际变量。当前全球股票市场不容乐观。一方面，全球经济可能放缓，企业盈利能力趋于下滑。另一方面，美联储可能超预期加息。美国商务部最新数据显示，美国 2023 年 1 月个人消费支出（PCE）物价指数同比增长 5.4%，预期 5%，这使美联储下次加息 50 个基点的概率显著上升。俄乌冲突加剧将导致避险情绪升温，全球股市波动也会上升。尤其是新兴经济体可能面临更大的资本流出压力，股票市场受到的影响也可能更大。

第三，俄乌冲突导致能源价格上升空间有限。俄乌冲突爆发后全球能源价格大幅上涨。欧洲出现能源危机。然而，目前石油和天然气价格已经基本恢复至俄乌冲突前的水平。欧洲能源危机也大幅缓解。以欧洲电价为例，北欧电力交易所的数据显示，俄乌冲突爆发前，2022 年 1 月欧洲用电价格为 93.25 欧元/兆瓦时。俄乌冲突爆发后，欧洲电价持续上涨，2022 年 12 月平均电价高达 223.17 欧元/兆瓦时。然而，此后电价大幅下降，2023 年 1 月平均电价为 91.24 欧元/兆瓦时，基本恢复至疫情前水平，2 月 24 日甚至低至 48.81 欧元/兆瓦时。经过一年时间的调整，全球能源市场已经形成新的均衡，加上全球经济面临放缓压力，即便是俄乌冲突升级可能也很难造成能源价格大幅上涨。

第四，俄乌冲突直接导致汇率波动加大。以人民币汇率为例，2022 年人民币汇率总体弱势运行，美元对人民币汇率由年初的 6.3794 上涨至

6.9646。主要有两个原因，一是美元走强。由于美联储持续紧缩以及美元走强，导致非美货币普遍出现下跌。二是中美息差倒挂。中美货币政策分化令中美10年期国债收益率息差由2022年初的114个基点下跌至104个基点，人民币贬值压力加大。由于美国2023年1月PCE物价指数出现超预期增长，美联储紧缩力度上升预期再度升温，利率终点可能高于此前预期。在这种情况下，中美息差倒挂可能再度加剧，进而加大人民币贬值压力。俄乌冲突加剧将强化避险情绪，人民币汇率波动也可能进一步上升。

第五，黄金价格有望出现上涨。俄乌冲突升级将导致全球避险情绪升温。黄金作为重要的避险资产之一，投资者需求可能出现大幅上升，引发黄金价格上涨。此外，俄乌冲突升级也将导致地缘政治博弈加剧，各国央行增持黄金的需求也将上升。俄乌冲突爆发后部分央行开始大量购买黄金。2022年，全球央行增持黄金的规模高达1136吨，比2021年增长了152%，增持规模创1967年以来最高水平。由于俄乌冲突升级这一趋势有望延续，进而助推黄金价格进一步上涨。此外，2023年美联储紧缩大概率见顶，这也为黄金价格上涨创造了良好的货币条件。因此，在俄乌冲突的危机时期大量的投资者可能转投黄金以实现风险转移和风险规避。CSI300呈现出净接收方的趋势。

3. 变量间溢出效应

CSI300与GBP、JYP、HKD、EUR、USD之间，除了动态溢出与总溢出效应之外，变量与变量之间还存在动态的两两溢出关系，具体结果如图4.5所示。

由图4.5可以看出，港元汇率在2013—2014年对中国股市的冲击影响最为显著。可能的原因是这一时间段“沪港通”的落地实施使港元汇率对中国股票市场的溢出明显增强。2014年4月10日，李克强总理在博鳌亚洲论坛上发表演讲，指出将建立上海与香港股票市场交易互联互通机制，进一步促进内地与香港资本市场双向开放和健康发展。同日，中国证监会正式批复沪港开展股票市场互联互通机制试点（以下简称“沪港通”）。2014年11月17日，“沪港通”完成了平稳有序的各项筹备工作，如期启动。港元与中国股票市场的关联度空前加强，其溢出效应也明显增加。

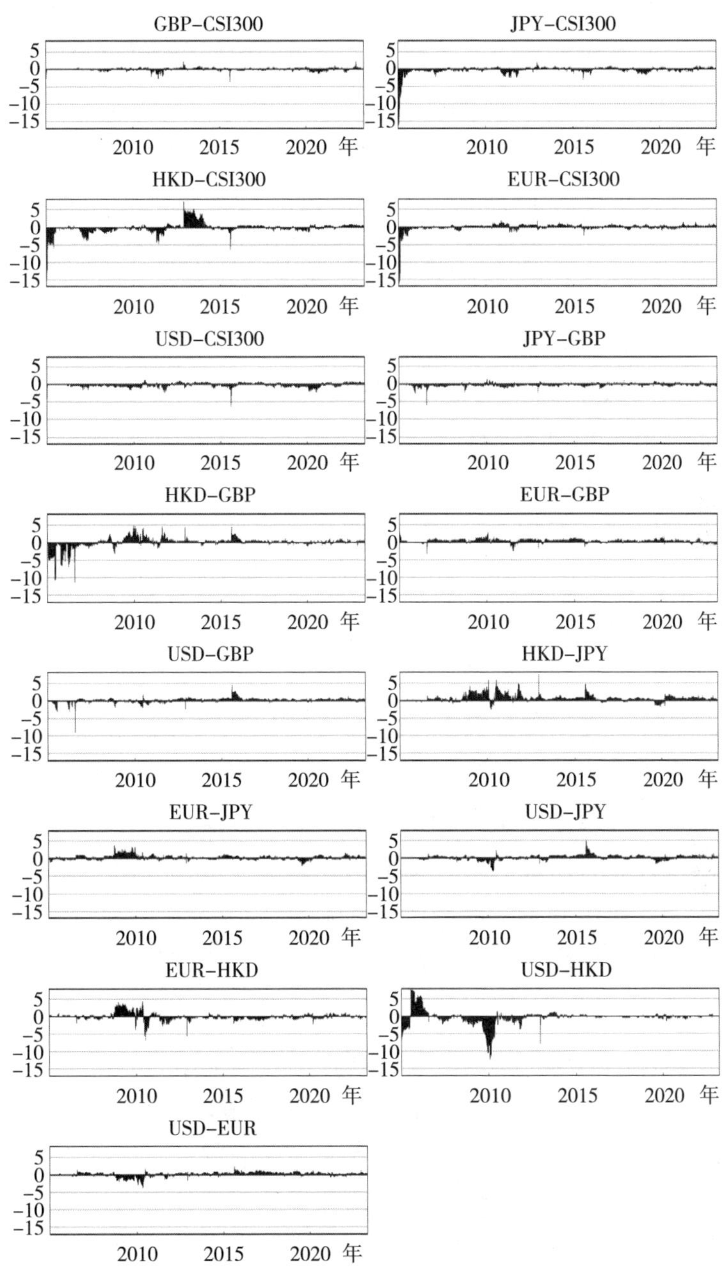

图 4.5　各变量之间动态溢出效应

（三）研究结论

本章探讨了各国汇率——英镑对人民币的中间价（GBP），100 日元对人民币的中间价（JPY），港元对人民币的中间价（HKD），欧元对人民币的中间价（EUR）以及美元对人民币的中间价（USD）对中国股票市场沪深 300 指数（CSI300）的影响。本章采用时频参数向量自回归（TVP - VAR）连通方法和 DY 溢出指数模型展开研究。利用 2004 年 12 月 31 日至 2023 年 3 月 31 日的每日数据，研究了各国汇率与中国股票市场相关指数的全样本时频连通性，以及动态时频连通性。

首先，在溢出效应的静态分析中，GBP、JPY、HKD、EUR、USD 与 CSI300 之间具有较强的连通性。其中，中国股票市场呈现出净溢出效应，GBP、JPY、HKD、EUR、USD 呈现接收效应，GBP、JPY、HKD、EUR、USD 同时是传导过程的中介，相互之间有溢出效应。其次，在动态分析中发现，GBP、JPY、HKD、EUR、USD 对中国股票市场的影响随时间而变化。当面对突发事件时，中国股票市场更容易受到来自 GBP、JPY、HKD、EUR、USD 冲击的影响。最后，港元的汇率波动对中国股票市场的冲击最强，其次是欧元、美元和日元。

研究结果支持了若干与政策相关的具体建议。第一，利用远期汇率交易套期保值是一种规避汇率风险的传统方法。这既使汇率风险可控，又把不确定性因素转化为固定的可计算因素，有利于成本核算。第二，把汇率风控纳入管理会计体系。管理会计是基于实现企业经营管理目标的会计管理体系，通过全面预算、成本控制、业绩评估、管理报告、数据分析等多个维度综合反映企业各个层级的经营绩效。财资管理是管理会计体系的重要内容，不仅直接影响企业的财务管理，也对企业的日常经营能力造成重大影响，因此，必须把汇率风险管控纳入整体管理会计体系当中。第三，建设数字化管理信息系统。在数字技术突飞猛进的今天，充分利用数字技术，搭建数字化管理平台是企业数字化转型的重要任务。汇率管控是一项非常专业化、复杂度很高的工作，应该根据业务需求、财资管理特点，开发或利用现有的专业系统，实现专业化管理需求。同时，把汇率风控系统纳入企业整体数字管理系统中来，最大限度地发挥协同效应。

第五章　中国股票市场与全球主要期货市场的风险传染

第一节　中国股票市场与全球主要期货市场的关系

党的二十大报告提出，要加强和完善现代金融监管，强化金融稳定保障体系，依法将各类金融活动全部纳入监管，守住不发生系统性风险的底线。必须按照党中央决策部署，深化金融体制改革，推进金融安全网建设，持续强化金融风险防控能力。金融是实体经济的血脉，防范金融风险、金融市场稳定是金融治理的首要任务。股票市场作为经济和金融活动的“晴雨表”，过去 10 年，股票市场规模增长 238.9%。研究股票市场受其他市场冲击影响程度具有重要意义。

我国期货市场发展迅猛，占全球期货交易总量的比重不断上升，影响力逐渐扩大。例如，大宗商品作为工业基础原料，其价格变动会直接影响上下游企业经营绩效，进而波及整个宏观经济。目前我国上市期货产品基本覆盖了农产品、金属、能源化工、金融等国民经济主要领域，商品期货交易量连续多年居世界第一位。探究期货市场对股票市场的溢出效应对于金融稳定具有重要意义。期货对股票市场的影响机制，主要从宏观经济基本面和非基本面两个方面理解。从基本面出发，经济状况的变化会影响商品的供给与需求，进而影响商品价格。商品价格变动通过成本渠道传递至实体行业，改变通货膨胀水平，最终通过利率效应作用于金融市场。从非基本面出发，期货市场主要从企业经营业绩、货币政策冲击、流动性、投资者情绪等方面影响股票市场。

在经济全球化和金融一体化的背景下，我国期货市场逐渐出现金融化现象，与股票市场相关性不断加强，研究我国期货市场对股票市场的溢出效应具有重要的理论意义与现实意义。一方面，从理论上来看，期货市场中的商品具有套期保值和定价功能，近年来与股票市场相关性不断攀升，研究二者之间的溢出效应将对金融风险传播路径的研究提供方向。溢出效应实质就是市场间信息的溢出，研究期货市场不同板块与股票市场的溢出效应有助于认清不同结构的市场之间信息传递的效率问题，对金融市场如何服务实体经济发展具有重要的意义。

另一方面，期货市场是我国重要的金融子市场，引导期货市场健康有序发展将有助于健全我国多层次金融体系；金融市场间的联动性是金融风险传播的基础，厘清我国期货与股票市场的关系有助于管理系统性金融风险，维持宏观经济健康稳定发展。对于监管部门而言，通过观察期货与股票市场间的溢出效应，可以及时掌握市场变动状况，合理制定经济金融政策；对投资者而言，加深对不同期货市场与股票市场间溢出关系的认识，有助于合理构建投资组合，增强风险应对能力，减少由于认知偏差和“羊群效应”等非理性行为导致的错误投资。

期货与股票市场之间的关系是一个动态的演进过程，使用线性模型很难捕捉这两个市场之间的复杂非线性特征。本章结合中国具体期货市场情况，并考虑到不同期货品种之间可能存在的联动效应，选取商品、农产品、能源化工、金属和工业品期货市场作为代理变量，研究其对中国股票市场的溢出效应。在研究方法上，以往文献主要采用 GARCH 类模型和 DY 溢出指数模型方法。其中，GARCH 类模型通过相关系数的显著性来衡量两个市场间的波动溢出效应，缺乏对溢出效应时变性和方向性的考察，且无法从整体上刻画期货与股票市场间的溢出关系。DY 溢出指数方法虽然有效解决了上述问题，但仍存在主观设置滚动窗口、损失观测值等问题，容易导致实证结果对极端值敏感、信息损失过多。为了克服以上问题，本章将采用 Korobilis and Yılmaz 提出的 TVP - VAR - DY 模型进行实证研究。该模型无须主观设置滚动窗口大小，有效避免任意选取滚动窗口导致的参数不平稳及数据损失问题，同时也允许全面捕捉不同经济金融环境下溢出效应的时变特征，有助于得到更加符合中国经济现实的研究结论。

第二节　中国股票市场与全球主要期货市场风险传染的理论分析

一、农产品期货与股票市场的溢出关系

农产品期货市场自成立以来，在价格发现和风险分散方面始终发挥着不可或缺的作用。McKenzie and Holt 测试了四种不同农产品期货市场的公正性和效率，表明一些市场可能表现出短期定价偏差和低效率，但每个期货市场在长期内都是无偏见的。Dimpfl、Flad and Jung（2017）调查了2019种农产品的现货价格与期货价格之间的关系，以检验哪个市场引领价格，发现期货市场对价格发现的贡献有限，期货投机不会长期扭曲商品价格的证据。Ke、Li、McKenzie and Liu（2019）利用CoVaR研究了中国和美国农产品期货市场之间的风险转移，证实美国农产品期货市场在价格发现方面占主导地位，而中国市场的作用越来越大。Yang、Li and Wang（2021）选取了国内交易量最大的2021种农产品期货，考察了它们在价格发现方面的表现。Sifat、Ghafoor and Mand（2021）揭示了危机时期商品期货的多种投机，发现波动性与投机密切相关且通常非线性相关，农产品期货承受更大的对冲压力，而贵金属和能源期货更为普遍。

随着全球经济一体化的发展，不同地区农产品期货市场的联系越来越紧密。Li and Lu（2012）研究了美国和中国农产品期货市场之间的相关性，证明它们之间的相关性是显著的多重分形，这与He and Chen（2011）的实证结果一致。通过应用热最优路径法（TOP），Jia、Wang、Tu and Li（2016）选择了三种主要农产品来探索美国和中国期货市场波动性和回报率的动态超前—滞后关系。Adämmer、Bohl and von Ledebur（2017）分析了美国和欧洲期货市场农产品期货的短期和长期价格动态，发现虽然美国市场在价格传导和波动溢出方面占主导地位，但欧洲期货市场的影响在全球范围内正在上升。

此外，随着经济全球化和技术进步，农产品市场与其他市场的互动也显著增强。在过去的20年里，大量文献研究了农产品与原油之间的关

系。特别是，Naeem、Farid、Nor and Shahzad（2021）调查了农产品与石油冲击之间的溢出网络，并比较了它们在全球金融危机、页岩油革命和新冠疫情中的动态关系。风险管理和投资组合多样化通常应考虑不同的资产类别。Naeem、Hasan、Arif、Suleman and Kang（2022）通过应用分位数回归（QQR）进一步研究了石油对农产品的避险和对冲作用，比较了国际金融危机前后的对冲效果。除了能源和金属市场，一些文献还试图将农业市场与一些新兴金融市场联系起来进行分析，如加密货币市场、绿色债券市场和可再生能源股票市场。总之，根据现有研究，有充分理由认为农产品期货与股票市场之间有密切联系，有必要进一步研究二者之间的溢出关系。

二、大宗商品期货与股票市场的溢出关系

大宗商品与股票市场之间联动机制主要分为实体经济途径和金融途径，近年来大多数文献都是从金融途径出发探索大宗商品与股票市场的联动机制。从金融途径出发主要考察市场间信息的传递方向与大小，因为信息传递的载体使投资者的行为逐渐成为影响大宗商品与股票市场联动的重要因素。对于溢出效应的研究主要从跨市场交易论和风险传染论两个角度分析。Nazlioglu，Erdem and Soytas（2013）发现在食品价格危机过后原油与农产品间具有显著的波动溢出效应。Antonakakis and Kizys（2015）研究发现，铂金和原油现货的收益和波动与国际货币汇率有关。Mensi、Hammoudeh and Yoon（2015）通过 VAR－GARCH－BEKK 等方法发现在2008 年国际金融危机期间原油与农产品价格间确实存在关联性与波动溢出。

随着全球经济金融一体化进程的加快和中国资本市场对外开放程度提高，一国大宗商品与股票市场的变化对国内市场产生显著的影响，国内学者也开始关注大宗商品与股票市场间的联动关系。国内外有关大宗商品市场与股票市场溢出效应的研究基本都是实证研究，国外学者大多采用多元 GARCH 模型来测算国际大宗商品市场与金融市场间的联动效应。对于国内市场的研究，唐英和温涛（2008）研究了沪市铜期货与铜业板块股票价格联动特征，发现铜期货与铜业板块股票价格短期联动不明显。陈昕（2012）发现，中国期货市场对股票市场存在显著的均值溢出效应，长期

存在相互影响。石智超、许争和陈瑞（2016）从产业链的角度分析了中国股票市场与商品期货市场间的传导关系，研究结果发现，铜、铝、锌、原油、白糖价格受下游需求的影响较大，但其价格波动对上游企业冲击较大。对于国内与国际市场的研究，金洪飞和金荦（2008）的研究结果显示，原油市场与中国股市不存在联动关系。杨胜刚和成博（2014）通过构建 VAR - TGARCH - AGDCC 多元模型，选取中国内地、中国香港及美国三地股市和黄金、石油、铜三类国际大宗商品市场为研究对象，结果显示，中国内地股市与大宗商品市场的联动特征相对微弱。尹力博和柳依依（2016）通过研究中国商品期货市场与国际代表性股票市场的溢出效应及其时变特征，发现国际股票市场对中国商品期货市场为显著净溢出，但中国市场金融化程度较低。刘映琳、鞠卓和刘永辉（2017）基于 DCC - GARCH 模型分析了国内与国际期货市场和股票市场的波动性溢出关系和动态相依性，发现股票市场对中国商品期货有波动率溢出效应。总之，大宗商品期货和股票市场之间的密切联系已被广泛证明，二者之间的溢出关系仍需进一步研究。

三、金属期货与股票市场的溢出关系

文献中广泛讨论了金属期货作为对高通胀和政治经济不稳定的有效对冲工具的作用，认为金属期货是风险管理的理想资产。Jiang、Fu and Ruan（2019）使用多变量 GARCH 模型研究了贵金属与巴西、俄罗斯、印度、中国和南非新兴市场之间的风险溢出效应。作者提供了所考虑的市场之间长期波动传导的证据。此外，将贵金属纳入股票投资组合可为投资者增加收益。Belousova and Dorfleitner（2012）研究表明，工业金属、农业和畜牧业资产有助于降低风险，贵金属和能源资产都可以降低风险并提高回报。George（2012）发现黄金和白银是金融投资者的良好分散投资工具。Hood and Malik（2013）发现黄金是避险资产，与白银和铂金不同，黄金是标准普尔 500 指数股票市场的对冲和弱势避风港。他们认为，VIX 是一种卓越的对冲工具，作为避险资产的作用优于黄金。Lucey and Li（2015）得出结论，白银、铂金和钯金充当避风港，而黄金则不然。Mensi、Al - Yahyaee and Kang（2017）使用 Diebold and Yilmaz（2014）的溢出指数来研究贵金属与美国、日本、欧洲和亚洲的全球和区域股票市场之间的溢出效应。他们发现，除日本市场外，股票市场是溢出效应的来源，所有贵金属都是国际金融危机期间溢出效应的净接收者。

研究证明金属期货为股票市场提供了更好的多元化收益。Al - Yahyaee、Mensi、Sensoy and Kang（2019）使用相同的方法研究了海湾合作委员会（GCC）贵金属、能源市场（原油、汽油和取暖油）和股票市场之间的波动溢出效应。该研究发现市场之间时变溢出的证据，这在国际金融危机期间更为明显。取暖油、汽油、黄金、白银以及沙特阿拉伯、巴林和阿曼的股票市场是冲击的净接受者，而其余市场则是溢出效应的净贡献者。此外，与能源资产相比，贵金属具有更好的对冲效果。Uddin、Hernandez、Shahzad and Kang（2020）使用Copula模型和条件风险价值来研究美国股市与黄金、白银和铂金之间的依赖结构和价格溢出效应。他们发现，美国股市在熊市期间对铂金和白银的不对称极端依赖的证据。此外，有证据表明，在平静、熊市和牛市期间，美国股市与原油和黄金市场之间存在对称依赖关系。铂金和白银（黄金）在熊市期间强烈（微弱）影响美国股市。Peng（2019）对中国市场进行了研究，发现贵金属是中国债券市场的强力对冲工具，也是股票和货币市场的多元化工具。贵金属在动荡时期是避险资产，它们的避险角色对市场波动很敏感。Bhatia、Das and Kumar（2020）发现，白银为金砖国家和G7股票市场提供了比其他贵金属更好的对冲。Balcilar、Demirer、Gupta and Wohar，et al.（2020）使用制度转换波动溢出模型发现，在高波动性制度下，贵金属对全球和区域股票市场的风险敞口是积极的。Singhal、Choudhary and Biswal（2019）发现国际黄金价格与墨西哥股票价格之间存在正相关关系。相反，黄金价格会对油价产生负面影响。总之，现有文献广泛支持金属期货与股票市场的高度相关关系，并认为持有金属资产在一定程度上会降低投资风险。

四、能源期货与股票市场的溢出关系

能源市场和股票市场之间的联系已经得到了广泛的研究，有助于更好地了解能源市场的价格波动和投资属性。在国际金融危机、欧债危机和股市大崩盘期间，能源价格与股票指数之间的关系发生了重大变化。Sharif、

Aloui and Yarovaya（2020）使用格兰杰因果关系检验发现，油价在新冠疫情期间对美国市场产生了重大影响。此外，工作保障、业务运营和基本服务也受到新冠疫情的直接影响。面对新冠疫情，投资者的未来预期普遍为负面，他们的策略也相应改变，对能源和股票市场造成了巨大的负面冲击。同时，原油国际贸易受到严重影响，现货能源市场也受到较大影响，导致未来能源价格进一步波动。

以前的大多数工作都集中在石油市场，很少关注天然气市场，并且大多数基于对发达经济体的调查，较少有人关注新兴市场。从 Zhang、Hu and Ji（2020）最近的研究中得出的结论指出，新冠疫情的快速传播对全球金融市场产生了巨大影响，导致全球金融市场风险显著增加，以及投资者在短时间内遭受重大损失。似乎与 2007—2008 年从美国蔓延到其他国家的国际金融危机相反，新冠疫情危机迅速打击了所有经济部门，并对资产之间的冲击传播造成了前所未有的挑战。研究人员越来越关注能源市场与股票市场之间的溢出效应。以上实证研究都为能源期货和股票市场之间存在溢出关系的合理性提供了参考。

五、工业品期货与股票市场的溢出关系

实证文献广泛研究了工业品期货与股票市场之间的关系。黄飞雪、寇玲和侯铁珊（2019）探索了白糖期货与相关股票现货之间的关系，证明郑州白糖期货价格与其相关股票之间存在协整关系。高翔（2019）以金属铜为代表，采用协整检验研究商品期货与股票之间是否存在协整关系，并建立了误差修正模型，同时采用 VAR - BEKK - GARCH 模型对二者之间的波动溢出进行了实证检验，证明在去除市场指数的影响后，铜期货价格与铜冶炼公司股票价格存在长期协整关系，二者之间存在波动溢出效应，但不存在均值溢出。刘鹏举和王超（2015）采用计量单位根检验，通过 VAR 脉冲响应函数分析、方差分解等方法对铜期货价格和相关铜业股票价格进行分析，证明铜期货与股票价格互为因果关系，但是相关性并不是很高；铜期货的价格发现能力没有完全体现，说明市场的市场化和市场参与者等问题需要改进。黄鸿和蒋晓全（2010）对资源类期货与有色金属板块的股票时间的波动溢出效应进行了分析研究。结果表明，资源类期货价格对有色

金属股票具有价格发现功能。赵恒飞（2012）通过协整检验、误差修正模型及脉冲响应分析等计量方法对中国有色金属期货与同行业股票价格相关性进行了研究，结果表明，期货价格与股票价格之间存在长期的稳定关系，建立的向量误差修正模型符合反向修正机制，但期货对于股票的修正速度较慢。Hammoudeh、Nguyen、Reboredo and Wen（2014）对运用 Copula 函数对中国商品期货与股票市场之间的依赖关系进行了研究，证实了二者呈正相关，并指出商品期货是一种用来进行投资组合的理想的金融资产。不同行业类别的分析或不同分析角度和方法导致对商品期货价格与相关股票价格之间的关系研究的结论也不完全一致。

综合以上研究结果可以看出，同一国家的金属期货与股票市场之间普遍存在关联性。同一国家的金属期货与股票市场处于相同的经济增长和供求状况，受到同样的政府宏观调控政策影响，因此具有联动走势，这对于本书研究的问题提供了一定的理论基础。但是，对非化工类期货价格与股票价格之间的关联性的研究较多（如股指期货与股指现货、资源类、农产品类期货与股票价格），对工业产品期货与相关板块股票之间相关性的研究较为匮乏。

第三节　数据来源与实证分析

一、数据来源

本章选取沪深 300 指数和南华商品期货综合指数日度数据计算股票（CSI300）和期货市场收益率。按照南华期货一级板块划分标准，选取商品（NHCI）、能化（NHECI）、金属（NHMI）、农产品（NHAI）和工业品（NHII）五个板块指数日数据，并计算收益率，样本期间为 2004 年 12 月 31 日至 2023 年 3 月 31 日。表 5.1 显示了各变量的描述性统计结果。可以看出，所有变量均呈现显著偏态，且所有变量均为负偏态。此外，所有变量都呈现“尖峰”形态，不满足正态分布。金融时间序列分析一般需要进行平稳性检验，鉴于所有变量不平稳，进行一阶差分后描述性统计如表 5.1 所示，ADF 检验结果表明各收益率序列均平稳，可以进行建模。

表 5.1　　　　　　　　期货市场与股票市场的描述性统计

变量	最小值	最大值	平均值	标准差	偏度	峰度	ADF	PP
CSI300	-391.866	378.179	0.157	44.608	-0.765	10.287	-12.866***	-12.503***
NHECI	-120.060	133.460	0.206	18.655	-0.122	3.531	-82.976***	-83.302***
NHCI	-100.670	127.300	0.298	14.547	-0.183	5.466	-74.105***	-74.119***
NHMI	-349.990	319.990	1.128	42.991	-0.308	6.652	-27.244***	-27.287***
NHII	-186.440	242.670	0.594	28.030	-0.173	4.904	-40.103***	-40.086***
NHAI	-40.776	39.146	0.041	6.884	-0.142	3.197	-60.347***	-60.348***

二、实证分析

（一）静态溢出分析

本章基于 TVP - VAR 的溢出指数方法考察期货市场与股票市场的溢出效应。表 5.2 为具体分析结果。其中，FROM 表示溢入指数，即某一类期货或股市受到其他变量的溢出水平；TO 表示溢出指数，即某一类期货或股市对其他变量的溢出水平。

根据表 5.2 的溢出效应静态分析可以看出：第一，从期货市场与股票市场变量整体来看，平均溢出指数为 58.8%，这表明除变量自身外，市场中的极端风险有 58.8% 来自各市场之间的溢出效应。单看农产品期货市场对股票市场的溢出指数值为 2.2%，商品期货市场对股票市场的溢出指数值为 2.0%，金属期货市场对股票市场的溢出指数值为 0.5%，能化期货市场对股票市场的溢出指数值为 2.0%，同时工业品市场对股票市场的溢出指数值为 1.8%，这说明期货市场和股票市场之间存在较强的双向溢出效应。金属期货与股票市场的强关联性主要源于我国有色金属矿产品期货，不仅提升了我国有色金属相关实体企业的风险管控能力，增强了我国有色金属产业在国际定价体系中的作用和地位，而且推动了我国有色金属相关产业结构的调整及转型升级，在我国有色金属矿产品市场的强劲发展中发挥出重大作用。矿产资源资本市场、矿产品期货市场及矿产经济的健康发展，对于我国矿业企业和相关行业的发展以及国民经济的稳定、良好运行起到中坚作用。期货市场的国际影响力和企业的国际竞争力紧密相关，金属矿产品期货市场的发展壮大不容忽视。第二，分析期货市场自身的溢出指数时，商品市场表现出受到其他市场的溢出水平更强，而自身对其他市场的波动溢出影响较小，即商品市场相对于其他市场的解释力较弱，为溢出净接受者。第三，对比五种期货市场与股票市场的溢出效应可以看出，无论是对股票市场的溢出水平还是受到股票市场的溢入水平，能源市场的均最强，这证明了能源市场与股市的溢出效应强弱与该能源的消耗占比不存在直接关系，而与该能源商品的“金融化”程度密切相关。

表 5.2　　期货市场与股票市场的静态溢出效应

	CSI300	NHECI	NHCI	NHMI	NHII	NHAI	FROM
CSI300	90.1	2.0	2.0	1.9	1.8	2.2	9.9
NHECI	0.6	29.7	22.4	14.3	24.5	8.5	70.3
NHCI	0.5	19.2	25.2	19.1	22.8	13.2	74.8
NHMI	0.5	14.6	22.8	30.4	25.1	6.6	69.6
NHII	0.4	21.4	23.3	21.3	25.8	7.7	74.2
NHAI	1.3	10.9	20.1	8.7	11.2	47.8	52.2
TO	3.2	68.1	90.7	65.2	85.4	38.3	351.0
NPDC	5.0	2.0	0.0	3.0	1.0	4.0	58.5

（二）动态溢出效应：期货市场与股票市场波动的总溢出

表5.2的静态溢出分析只能表示各变量在全样本期间内的平均水平，无法反映各市场之间相互作用的时变特征，在特殊事件的影响下市场波动情况有可能产生较大波动，本章将进一步分析各市场之间的动态溢出指数。从图5.1可以看出，首先，在整个样本期间内，期货市场与股票市场的总溢出指数波动正常范围为50%～70%，而在几次金融极端风险事件发生时该溢出指数达到了近68%。这表明溢出指数对极端经济事件十分敏感，而溢出效应静态分析则无法表现在遇到特定经济冲击时各市场之间产生的联系。在我国改革开放的背景下，国内对商品需求日益增加，期货价格逐渐趋向市场化，期货市场和股票市场之间的关联性日渐增强，一个市场的波

动更容易引起其他市场的相应波动。其次，由于 2018 年中美贸易摩擦以及 2020 年新冠疫情等极端事件的冲击，期货市场与股票市场的波动溢出指数明显上升，在此后的一段时间逐渐趋于平稳。我国资本市场起步较晚，为各市场之间的关联性较为紧密。2015 年，我国股票市场剧烈波动，不同行业受到较强的共同外部冲击，各市场间的关联性增强，不同市场的股票价格出现了一致性的涨跌，进一步强化了 A 股市场与能源市场之间的联动性，该阶段能源市场与股票市场的溢出指数首次超过 60%。中美贸易摩擦一方面对我国能源和商品市场造成较大冲击，另一方面通过影响投资者预期等影响我国股票市场。这使我国期货市场与股票市场的波动溢出指数在 2018 年明显上升。新冠疫情的暴发将期货市场与股票市场之间的波动性再次推上一个峰值。这表明在极端事件的冲击下，期货市场与股票市场的溢出指数显著上升，而当国家经济运行良好，金融市场趋于平稳时，避险情绪降低，溢出指数逐渐回落。

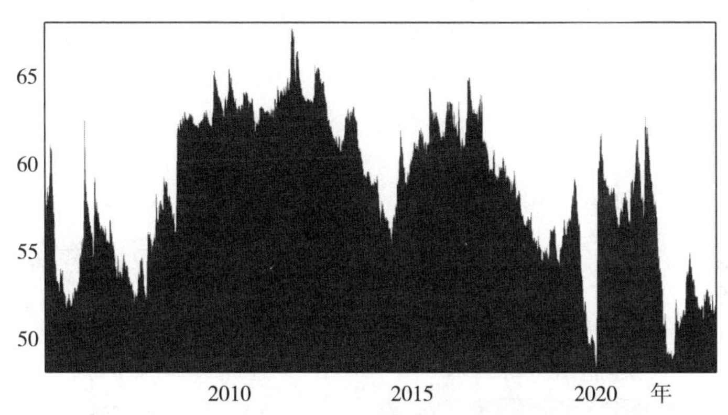

图 5.1　期货市场与股票市场波动溢出的总体水平

本章进一步采用动态溢入和溢出指数探究我国期货市场与股票市场方向性溢出的时序特征，如图 5.2 和图 5.3 所示。图 5.2 表示某一期货市场或股票市场波动对其他市场的动态溢出效应（TO others），图 5.3 则表示某一期货市场或股票市场波动受到其他市场的动态溢入效应（FROM others）。从图 5.2 中可以看出，无论是期货市场还是股票市场，其溢出效应和溢入效应的波动程度存在显著差异，能源期货市场的溢出效应较平稳，而溢入效应波动性更强，其他市场则相反，这印证了期货市场与股票市场之间存在溢出效应。如图 5.2 所示，与全球金融极端事件紧密相关的期货市场，在面对冲击时将具有更强的溢出效应，能源期货市场和股票市场相较于其他市场，表现出更明显的时变特征。

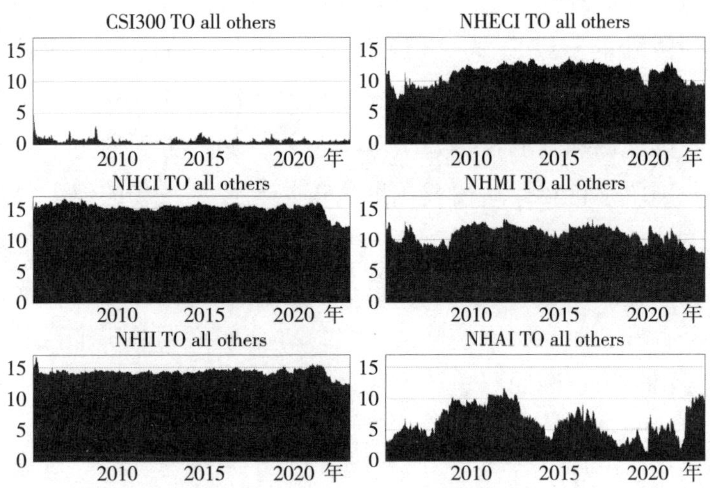

图 5.2　期货市场与股票市场的方向性溢出（TO others）

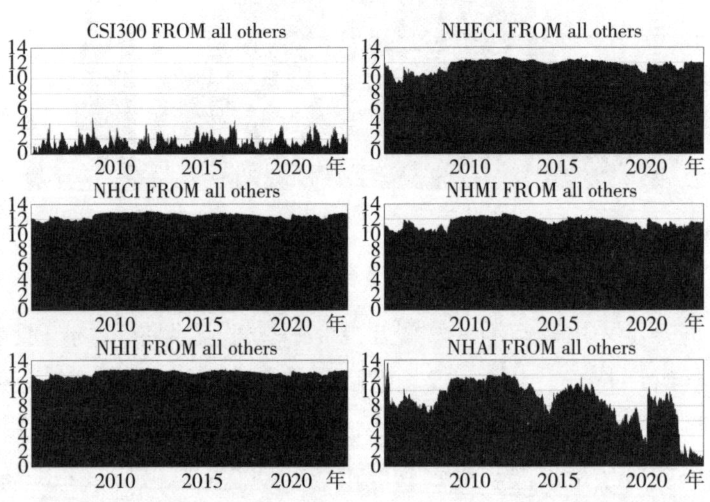

图 5.3　期货市场与股票市场的方向性溢出（FROM others）

第一，对于中国股市而言，2015 年前后我国资本市场经历一轮明显的“牛熊转换”行情，最终出现股市暴跌，我国股票市场发生明显波动溢出效应。由于我国作为新兴市场国家金融危机防范措施还不够完善，金融市场发展不够完备，本次股市大幅波动成为自 2013 年以来波动溢出效应最为明显的一次风险事件。然而对于能化期货市场而言，2015 年 4 月中国超越美国成为原油最大进口国，2014—2016 年恰逢原油危机，这段时期能源市场的波动幅度较大，于 2017 年波动效应下降至最低点。

第二，就中国股市而言，2018 年中美贸易摩擦开始后，美国多次对我国出口商品加收关税，我国作为贸易顺差大国，出口竞争力降低、出口额的减少影响了我国投资者对股市的预期，因此 2018 年前后我国股票市场出现显著波动溢出效应。中美贸易摩擦导致在此后的很长一段时期我国股市波动性呈现较高的溢出效应，随着中美双方的多次协调，在 2019 年 6 月美国宣称不再对我国增收关税之后，我国股市逐渐趋于稳定，但由于投资者心理预期，股市仍然处于高波动阶段。2020 年暴发的全球性新冠疫情又将股市波动推向一个新的峰值，国内投资者在疫情开始之后更多地吸收负面消息，相应地影响股票市场投资，因此预计在未来很长一段时间，我国股市将保持较高的波动溢出效应。

对于原油市场而言，与 2018 年相比，2020 年的新冠疫情对商品和能化市场溢出效应的影响更大，这很可能出于以下几个方面原因。第一，自 2018 年推出上海原油期货以来，我国能化市场与国内外金融市场的联系更加紧密，风险传导也更迅速。2020 年新冠疫情在全世界范围内迅速蔓延，与此同时“OPEC +”会议谈判破裂，使世界范围内的原油价格暴跌。第二，2020 年中行“原油宝”爆仓事件使我国原油市场又增加了新一轮波动，导致能化市场在 2020 年出现了显著的溢出效应。从以上各市场对其他市场产生的冲击可以看出，随着能源品种金融属性的增强，能源价格的波动与金融市场间的联系也越来越密切，能源价格变动早已不再只受到自身供求的影响。当某一市场波动性明显提高时，各市场通过其紧密的联动性迅速向其他市场溢出，使该市场的溢出影响被其他三类市场共同分摊，最终导致能化期货市场与股票市场溢入水平的波动幅度较为平稳，也体现出各市场溢出效应与溢入效应存在较为显著的差异性，印证了中国期货市场与股票市场之间的跨市场溢出是真实存在的。

图 5. 4 展示了期货市场和股票市场在整个样本期间溢出效应和溢入效应相抵后波动的净方向性溢出存在的时变特征。在整个样本期间内，期货市场的净溢出指数大多数情况为正，表明期货市场对股票市场的波动溢出效应要大于接收其他市场带来的波动溢出效应，并且期货市场输出的溢出效应要远大于其自身的传播，在风险传导中长期处于输出者的地位。另外，股票市场总体呈现出净溢入效应，仅在 2016—2018 年呈现小幅度净波动溢出，股票市场往往作为其他各类期货市场风险传递的接收者，起到吸收各期货市场风险的作用，而股票市场的净方向性溢出呈现出正负交替的波动，体现股票市场的溢出随时间变动的多样性。

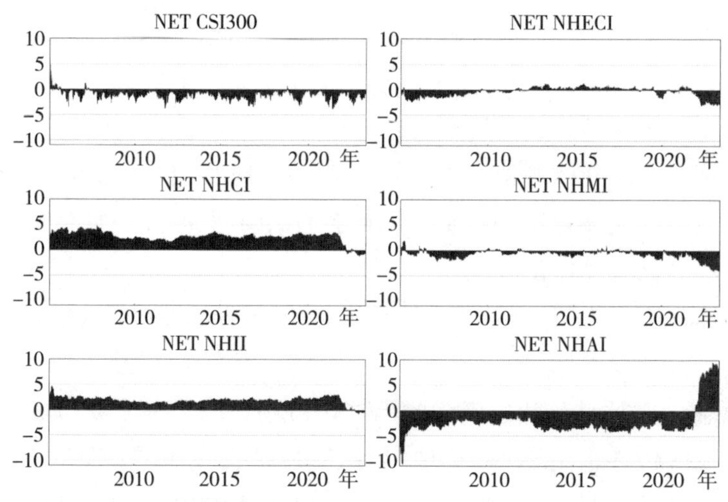

图 5. 4　期货市场与股票市场的方向性溢出（NET）

从上述分析可知，各市场对其他市场的溢出和溢入水平具有一定的差异性，但方向性溢出仅能看出某一市场对其他所有市场的波动溢出指数，而各不同市场之间的关联程度和敏感度有所不同，如图 5. 5 所示，通过进一步研究各期货市场和股票市场两两之间的动态净溢出效应，可以明确各市场之间波动溢出指数的差异特点以及两两市场之间具体的波动溢出方向。

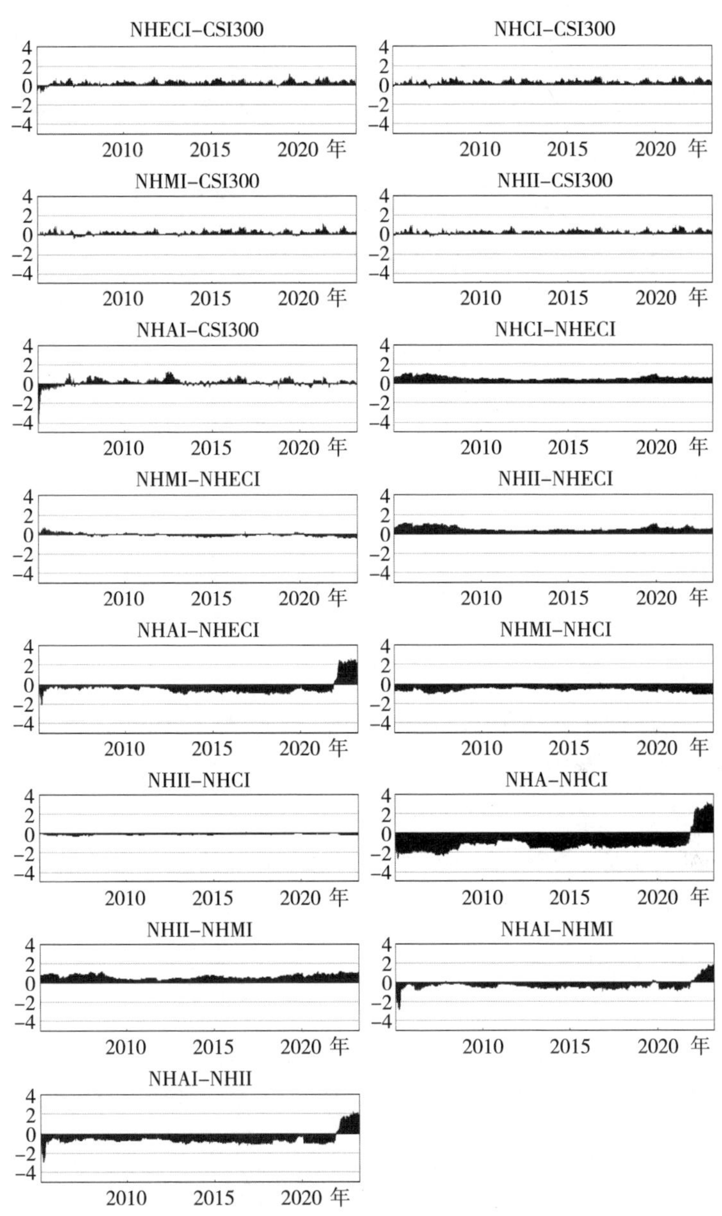

图 5.5　期货市场与股票市场波动溢出的总体水平

首先，农产品市场对中国股市在2015年以前表现出其波动溢出净输出者的地位，而股票市场是风险接收方。2014年前后农产品价格的持续下跌造成了农产品市场的动荡，动荡很快传递到股票市场，加剧了两个市场之间的溢出效应。2015年后两个市场交替处于净溢出者的地位，在2015年之后股票市场与农产品市场的动态净溢出效应较为平稳，这很有可能因为中国长期处于出口地位。中国农产品出口有几个拳头品种，它们是水产品、蔬菜、水果，出口金额分别占农产品总出口额的25%、15%、10%左右，曾经是中国农产品出口创汇的主要来源。中国人多地少，很难在土地密集型的大宗农产品上具备国际竞争力，相比而言，水产品、蔬菜、水果生产具有更突出的劳动密集型特征，中国在农产品加工方面技术领先、优势明显，约40%的水产品出口采用来料加工贸易方式，果蔬加工制品、预包装食品等的出口也居于世界领先地位。

其次，对包含能源市场在内的两市场相比，商品市场、能源市场和股票市场都存在更强的溢出效应。能源市场的波动性很大程度上不影响其他市场，也不受其他市场的影响，因此是相对独立的，这可能是由于中国的能源金融市场还不够发达，在一定程度上抑制了投资者利用金融工具进行投机所产生的能源市场大幅度波动。最后，工业产品市场与中国股市之间存在一定程度的风险传导，但二者之间的动态净溢出效应较弱。其主要原因在于随着中国经济实力和综合国力的增强，人们的收入水平逐渐提高，对工业产品等需求不断增加，从而工业产品市场的波动对中国经济存在一定影响，通过中国经济与股票市场的紧密联系，最终可以增强工业产品市场与中国股市之间的联系。

（三）研究结论

本章采用TVP－VAR－DY模型，研究了2004年12月31日至2023年3月31日期间中国期货市场（包括农产品、商品、能化、金属和工业产品市场）与股票市场之间的溢出效应，分析了不同期货市场与中国股市收益之间的溢出效应的时变特征。实证分析结果表明：第一，中国期货市场与股票市场收益具有显著的跨市场溢出效应。同时，各市场之间的溢出效应与国内经济形势和金融市场环境息息相关，具有明显的时变特征。第二，从静态溢出效应来看，期货市场中商品市场和股票市场之间存在较强的双向波动溢出效应。无论是商品市场对其他市场的溢出指数，还是其他市场对商品市场的溢出指数都较高。农产品市场受到其他市场的溢出水平更强，而对其他市场的溢出影响较弱。第三，从动态溢出效应来看，溢出指数对极端经济事件十分敏感，在极端事件的冲击下，期货市场与股票市场的溢出指数明显上升。第四，方向性溢出和两两溢出分析结果显示，各市场的方向性溢出、溢入指数随经济金融环境不断变化，且与经济金融极端事件关联更加紧密的期货市场和股票市场表现出更加明显的时变特征。样本期间大部分时间内，期货市场对股市表现出显著的净溢出效应。

第六章　中国股票市场内部各行业板块间的风险传染

第一节　中国股票市场内部各行业板块间风险传染理论机理

随着世界经济一体化和贸易自由化的不断发展，各国金融市场与实体经济的相互关联程度逐渐加深。然而，这一趋势也导致了金融风险在速度、路径和形式上的扩大。例如，2007 年美国次贷危机中，金融风险从房地产市场传染至信贷市场，然后再传播至股票市场，全球投资者和金融机构遭受了巨大损失。同样，2009 年末希腊主权债务危机也迅速传播至欧洲多个国家，进一步加剧了国际货币体系的不稳定性，给全球投资环境带来了严重影响。很明显，仅在个体层面进行金融风险监督和预防是不够的，金融市场和金融机构之间的风险相关和转移是宏观审慎监管的关键。

经过 40 多年的发展，我国虽建立了债券、股票和期货市场，但股票仍然是大多数投资者的主要投资工具，中国的资本市场仍处于初级阶段。同时，中国的股票市场不成熟，波动频繁、剧烈。一方面，全球经济一体化加深了中国股票市场与其他金融市场的相关性，一个市场的波动很容易影响到我国市场。在次贷危机期间，上证指数从 6000 多点下跌到 1664.9 点，严重影响了中国股票市场的稳定性。另一方面，政府在股票市场的运作和发展中发挥了主导作用，政策因素在股票价格波动中也是不可忽略的。学术界对国内外股票市场之间的风险传染进行了许多研究，投资管理公司也特别关注这种风险传播。2020 年新冠疫情将全球国家股票市场打入技术性“熊市”，美国和欧洲股票指数的多次暴跌。

以上事实强调了股票市场中风险管理的重要性，并凸显了深入研究风险传染的需求。在疫情和过去的金融危机中，股票市场不同行业之间的波动程度和回撤时间不同。随着信息技术的发展和物流网络业务交易的密集，股票市场中行业信息交流和资本流动变得更为普遍。中国股票市场中不同行业之间是否存在风险传染关系？如果是，其影响机制是什么？这是否为中国股票市场的风险管理提供了参考价值？虽然投资管理公司已选择分配一些行业基金进行多元化，但在不同经济时期和市场环境下，行业的表现和相互影响不同。因此，衡量和分析股票市场行业的传染效应，并研究其基本影响机制对于理论和实践具有关键意义。

一、产业联系与股票市场风险传染

有效市场假说认为，理性投资者会准确地反映市场基本信息，并将股票价格保持在其基本价值水平上。在理性投资者主导的股市中，部门指数之间的风险传染主要通过它们的经济基本关联触发。触发风险传染的经济基本关联主要分为贸易渠道和金融渠道。对于股票市场的行业部门来说，它们的经济行业一方面通过输入和输出同商业交易建立紧密的贸易联系，另一方面则通过信贷和贷款、投资和金融等方式建立广泛的金融联系。因此，行业联系是影响股市行业部门风险传染最重要的关联因素。这种联系反映了实体经济行业之间复杂、广泛和密切的技术经济联系，通过前向和后向联系进行运作。

前向联系指一个产业与需要其产品或服务的其他产业之间的联系。具体而言，如果产业 A 需要产业 B 提供生产所需的原材料，则对于产业 B 而言，其与产业 A 的关联是一种前向联系。例如，如果采矿业生产的产品是制造业必需的原材料，则对于采矿业而言，与制造业的联系是一种前向联系。在通常情况下，上游产业与吸收其原材料和零部件的中游产业之间具有前向联系，而中游产业与吸收其生产设备和原材料产品的下游产业之间具有前向联系。上游和中游产业在生产规模和技术水平方面的变化可能会导致其与之具有前向联系的中游和下游产业也发生相应的变化或直接导致新技术和新产业的出现。如果输入生产企业在市场竞争中产品成本等方面出现不利变化，出现利润水平降低，将采取提高产品价格等措施，这将影响企业作为其他企业的生产要素的产品，从而导致其他企业的利润水平也降低。当这些信息在股票市场上反映出来时，出现风险传染现象，即输入生产商的股价和其他公司的股价同时下跌。如果这些不利变化扩散到整个产业，具有前向联系的产业也将受到影响，最终在股票市场上表现为行业之间的风险传染现象。总之，了解前向联系对于投资者理解产业之间的复杂、广泛和紧密的技术经济联系，从而影响股市风险至关重要。

后向联系指一个行业与提供其原材料和生产设备的其他行业之间的联系。下游行业与中游行业有后向联系，中游行业提供生产设备和原材料产品。中游行业与上游行业有后向联系，上游行业提供原材料和零部件产品。当下游和中游行业的生产规模和技术水平发生变化时，它们所联系的上游和中游行业也会相应地发生变化。如果消费品制造商由于市场竞争和产品需求不利的变化而降低生产规模，这将影响提供其生产要素的其他企业，导致其他企业的利润水平下降。这种下降可能会在股票市场上引起风险传染，因为消费品制造商的股票价格下跌会导致其他公司的股票价格同时下跌。行业之间的前向和后向联系是相对的。无论一个行业是产品的消费者还是原材料的供应商，它都可以通过与其他行业的产业联系引起风险传染。在国民经济中，每个行业都需要从其他行业购买原材料、机械设备和其他生产要素，为生产提供产出产品，而这些产出产品也需要由其他需要生产和消费的行业接收。不同程度的前向和后向联系形成的复杂产业链可能会进一步影响行业部门之间的风险传染结构。

产业联系是确定股票市场产业板块相互依赖的一个重要经济基本面。它更好地反映了国民经济活动中不同产业之间的实际投入产出关系，并通过供求相关机制解释了产业板块之间的风险传染效应。实体经济的产业联系更能够解释产业股票指数的长期联动效应，而且两者的定量指标呈正相关，这主要是由于一个国家的产业之间的联系相对稳定，短期内难以产生实质性变化。因此，产业联系对股票市场产业板块风险传染效应的影响主要体现在长期，产业板块的风险传染效应受到实体经济的产业联系的影响，并且具有更高的产业联系的产业之间的风险传染水平更高。这对投资者具有重要意义，他们在构建投资组合以有效地管理风险时，应考虑不同股票的产业联系。

二、投资者行为与股票市场风险传染

行为金融学理论认为，投资者有限的理性导致金融市场中的风险传染现象。投资者可能无法获得完整的市场信息，或者无法有效利用这些信息作出完全理性的决策。由于经验和能力有限，有限的理性可能导致错误的市场预期，导致对经济基本面的偏离。

心理因素如自信心和归因偏误也可能导致错误的市场预期，引发资产价格的异常联系。一些投资者可能会猜测其他投资者的投资能力，并模仿他们的决策，以避免投资失败。然而，当被模仿的投资者表现出同样的非理性行为时，就会导致群体行为，进一步增加金融实体之间的风险传染。拥有信息和技术优势的理性投资者可能会选择在某些时候购买劣质资产或出售优质资产。然而，未经通知的投资者可能会将这种决策误解为群体行为，从而导致大量资金转移。投资者往往根据自身的经济状况和投资偏好来识别和分析信息，然后根据此分配投资组合，这被称为“注意力分配”。高波动性的金融市场会产生更多的信息并吸引更多投资者的关注。当某个市场的金融风险爆发时，投资者往往由于无法关注高风险市场以外的信息而减少在其他市场的资产持有量，从而引发风险传染。总之，投资者的有限理性可能导致金融市场的风险传染。由于认知和心理偏差导致的错误判断和预期可能导致投资者的“羊群”行为，进一步扩大了风险传染。理性投资者也可能无意中促成“羊群”行为，导致金融传染。“注意力分配”现象也影响着金融实体之间的风险传染结构。了解有限理性对风险传染的影响有助于投资者和政策制定者作出更好的决策，降低金融传染的负面影响。

金融市场中风险传染的现象是复杂的，仅凭经济基本面难以解释。行为金融理论认为，基于主观的认知、心理和情感因素的投资者行为在风险传染中发挥了重要作用。然而，这些内在因素并不直观，因此很难确定它们对产业部门风险传染效应的影响。根据行为金融研究，外部信息冲击对投资者行为和随后的产业部门风险传染效应有重要影响。当面对负面信息冲击时，投资者倾向于认为具有相似经济基本面的产业部门面临相同的下行风险，导致重新评估产业部门之间经济基本面相关性的状态。如果先前的评估是基于错误的判断和预期，潜在的危险和风险可能会被忽视，促使投资者撤回或转移资金，从而加剧了风险传染的发生。这种现象在国际市场中很常见，被称为“唤醒效应”。

“羊群效应”也是风险传染的一个因素。当出现积极信息时，投资者倾向于保持乐观并作出独立的投资决策，导致风险传染较弱。然而，当出现负面信息冲击时，损失规避使投资者出现过度反应并卖出股票，同时悲观情绪迅速在股票市场部门中传播，导致显著的“羊群效应”和更强的风险传染。“注意力分配”效应是导致行业间风险传染的另一个因素。高波动性的金融市场会产生更多的信息并吸引更多投资者的关注。当某个市场受到信息冲击或波动性波动时，投资者倾向于过分关注风险市场，可能无暇顾及其他市场，导致组合重新配置和市场间的风险传染。当股票市场受到负面信息冲击时，各个行业指数的总体波动性变得更大，具有不同投资偏好和预期的投资者会将其组合重新配置到该行业中，进一步加剧了股票市场部门间的风险传染效应。

有限的理性、认知和心理偏见、“羊群”行为和“注意力分配”都对金融市场中的风险传染起到了作用，投资者行为的变化可以更好地解释行业部门风险传染的时变特征。考虑到投资者行为的周期性和突发性，本章认为，投资者行为对股票市场行业部门风险传染效应的影响主要体现在短期内。因此，在短期内，行业部门的风险传染效应受到投资者行为的影响，当投资者受到负面信息冲击时，风险传染效应趋于加强；当投资者受到正面信息冲击时，风险传染效应则趋于减弱。

第二节　中国股票市场内部各行业板块间风险传染研究概述

在风险测量研究领域中，VAR 模型的使用非常普遍。该模型被用于建模变量，并使用 Granger 因果关系、冲击响应函数和方差分解等技术分析变量之间的传染效应。张志波和齐中英（2005）使用向量自回归模型研究了亚洲金融危机期间国际市场波动率的 Granger 因果关系和冲击响应变化，并确认了国际市场存在显著的传染效应。同样，刘璐和韩浩（2016）使用二元 VAR 模型分析了保险和银行市场之间的平均溢出方程，并采用了冲击响应函数和方差分解方法。虽然 VAR 模型通常需要一阶差分达到平滑效果，但改进的向量误差修正模型（VECM）可以直接应用于具有“长期均衡关系”的非平滑金融时间序列。Li and Leung（2011）开发了一个 VECM 模型来研究原油市场的溢出效应，并进行了格兰杰因果关系和协整检验。张金林等（2012）使用二次 VECM 模型研究了中国四个金融市场之间的关系，Diebold and Yilmaz（2009；2014）基于 VAR 模型提出了溢出指数和连通性网络（Connectedness）。王奇珍和王玉东（2018）研究了原油价格、美国经济不确定性指数和中国股票价格的溢出效应；Maghyereh et al.（2016）则从隐含波动率角度研究了原油和股票市场之间的风险溢出效应，发现原油市场对股票市场存在显著的净溢出效应。

GARCH 模型常用于风险传染研究中，以分析波动率溢出效应。早期研究者使用 GARCH 模型提取两个市场的波动率，并通过波动率序列回归分析溢出效应（魏巍贤和林伯强，2007）。但是，该方法仅适用于研究两个市场，并且随着样本维度的增加，计算复杂度显著增加。为了解决高维问题，许多学者引入多元 GARCH 模型。例如，王雪标等（2012）使用 DCC - MGARCH 模型分析收益率序列之间的风险溢出效应，并指出该模型克服了 CCC - MGARCH 模型中变量之间相关系数固定的缺陷。另外，张金林等（2012）使用基于 BEKK 模型的 VECM 误差修正模型在多元 GARCH 中研究了国内股票市场和其他三个金融市场之间的风险溢出效应。此外，一些学者通过将第三阶矩（偏度）和第四阶矩（峰度）纳入 GARCH 模型中，构建了 GARCHS 和 GARCHSK 模型，以研究高阶矩波动率溢出效应，使不同阶矩的风险传染效应的研究更加完整。崔金鑫和邹辉文（2021）将 GARCHSK 模型与连通性网络结合起来，对欧美亚股票市场之间的风险溢出效应进行了一系列研究和分析，并提出了相关的投资组合风险管理建议。需要注意的是，虽然 VAR - GARCH - BEKK 模型的协方差具有波动率溢出和时变特性，但其均值方程部分仍然线性设定，因此其结果可能与实际情况不一致。

在险价值（Value at Risk，VaR）已成为自 20 世纪 90 年代以来国内外学者用于衡量个体市场风险的标准指标。该指标旨在捕捉在一定时间内、在特定置信水平下，投资组合或投资可能面临的潜在损失金额。为了研究风险传染，Adrian 和 Brunnermeier（2009）提出了基于 VaR 模型的 CoVaR 模型。该模型衡量了在原油市场出现极端 VaR 风险时，其他市场的风险价值，并使用线性分位回归进行衡量。然而，一些学者认为，基于这个概念的 CoVaR 模型仅关注于 VaR 的极端情况下的风险价值水平，而未考虑小于 VaR 的其他尾部风险。Girardi 和 Ergün（2013）提出了基于这个模型的 CoVaR 的另一种定义，并使用 DCC - GARCH 模型导出了衡量风险传染的公式。现在有相当大量的文献研究风险传染，使用了这两个定义及其测量方法，其中包括分位数回归技术、多元 GARCH 模型、Copula 函数、蒙特卡罗模拟等（Hakwa et al.，2015；Reboredo and Ugolini，2015）。不同定义和方法的发展和应用丰富了风险传染领域的相关研究，但也在一定程度上相互证明了这些研究在衡量 CoVaR 方面的局限性。即使样本数据来源于同一时期和同一研究人群，不同定义和测量方法下的 CoVaR 仍有显著差异。王周伟等（2014）分别使用分位数回归、动态异方差模型和链接函数，衡量金融机构与银行指数之间的条件风险价值，发现后两种模型显著更好。CoVaR 的主要局限性之一是难以以简单的方式解释和解释结果。这个问题的出现是因为 CoVaR 是一个复杂的指标，考虑了多种可能影响总体风险水平的因素。因此，理解 CoVaR 的基本原理和其解释需要深入。尽管存在这些挑战，CoVaR 仍然是衡量金融市场风险传染的关键工具。

Copula 函数是金融风险管理领域中的一个强大工具，最初由 Sklar 在 20 世纪 50 年代后期提出。该函数具有多种优点，包括描绘非线性相关性和尾部相关性的能力，以及不受严格分布法的限制。随着时间的推移，Copula 函数在金融领域中的应用越来越广泛，特别是在研究资产之间的风险传染和依赖关系方面。常用的 Copula 函数包括阿基米德函数群，如 Gumbel、Clayton 和 Frank Copula，以及椭圆函数群，如高斯、t Copula 和由这些函数组成的高维 Vine - Copula 模型。对 Vine - Copula 模型成功应用的是 Brechmann 和 Czado（2013）的研究，他们使用 Rattan Copula 模型分析由 46 只股票组成的投资组合，研究结果表明，该模型可以有效地用于多种资产组合的风险管理。此外，其他研究利用 Copula 函数分析金融市场之间的风险传染效应。例如，林宇等（2017）使用 R - Vine - Copula 模型，通过两个市场之间的最优 Copula 函数描述了每个市场的尾部相关性，测量了市场之间风险传染的强度。他们的研究结果表明，不同市场之间的风险传染效应存在差异和不对称性。此外，研究人员提出并应用了一些复杂的 Copula 函数，例如 SJC Copula 和混合Copula，用于研究风险传染。然而，这些模型的依赖参数被假定为固定的，这与常识相矛盾。为了克服这一限制，Patton（2006）提出了基于相关性显著变化的ARMA（1）模型，允许使用时变参数的Copula（TVP－Copula）模型。这种方法考虑到了市场相关性的变化，在风险传染研究领域具有很高的应用价值。也有一些研究利用时变Copula函数来分析不同金融市场之间的风险传染。周爱民和韩菲（2017）使用时变t Copula模型将中国内地和中国香港的股票市场与外汇市场相关联，发现不同金融市场之间存在交叉风险溢出。曹洁和雷良海（2020）使用时变扭曲混合Copula函数研究了在美中贸易摩擦背景下中国内地、中国香港和美国的股票市场尾部相关系数的变化。他们的结果表明，危机增加了这些股票市场风险传染的可能性。总之，Copula函数是金融风险管理中的一个强有力的工具，特别是在研究风险传染和资产间的相关性方面。尽管传统的Copula模型存在局限性，如固定的依赖参数，但时变Copula模型的进展有助于克服这些局限性，可以提供更准确地反映市场相关性变化的结果。未来的研究很可能会在这些进展的基础上继续，为金融风险及其管理的本质提供有价值的见解。

影响金融风险传染的机制可以广泛地分为两类：经济水平的收敛和相关性，以及投资者行为。现有文献指出，两个国家之间的宏观经济变量（如利率、通货膨胀率和经济增长率）的差异越小，它们的股票市场之间的联系就越强。除了经济基本面的收敛，贸易交流和资本流动也被认为是重要的金融风险传播渠道。多项研究表明，贸易交流是金融风险传染的一个重要基础和途径。同样地，Gorea和Radev（2014）得出结论，两个国家之间的强实体经济联系更容易出现风险传染。叶青和韩立岩（2014）使用横截面和面板数据验证了风险传染的多元化和复杂的传输渠道和机制的存在，包括贸易和债务。资本流入和流出也是金融风险传染的重要驱动因素。在金融危机期间，传染性国家资本流入的突然停止被发现来自其他国家的资本撤回。胡聪慧和刘学良（2017）分析了商品和股票市场之间的联系，认为它们之间的传染机制可以通过融资的流动性来解释。有学者认为，由于金融市场中的信息不对称问题以及投资者整合和处理相关信息的能力有限，投资者行为对金融风险传染起着重要作用。Kodres和Pritsker（2002）基于资产定价合理预期模型的发展，表明如果市场出现金融风险，投资者会改变他们对该市场的暴露。Bekaert 等（2014）认为，当一个国家陷入金融危机时，投资者通常会将其他类似于该国的地理位置、宏观经济等因素的国家纳入风险传染范围。肖斌卿等（2014）根据中国房地产业和银行业之间的风险传染测量结果，测试了金融风险传染的因果因素。他们发现，当投资者和公司之间存在严重的信息不对称时，危机下金融风险传染发生的概率显著增加。需要进一步的研究来发展更精细的模型，以更好地捕捉金融风险传染的机制和动态。

多位学者已经鉴定和分析了金融市场风险传染的机制。吴新生（2012）总结了欧洲债务危机期间欧洲市场的风险传染途径，认为实体经济、金融、地理和政治渠道在其中起着至关重要的作用。与此同时，吴炳辉和何建敏（2014）构建了一个风险传染框架，确定了各种途径，如国际贸易、国际资本流动、投资者行为、国际债务等。此外，卓娜和昌忠泽（2015）从行为金融理论、金融市场相关性和互动以及货币危机理论的角度系统地分析了风险传染的传输途径。他们确定了影响风险传染的各种因素的重要性，包括投资者行为、宏观经济变量、贸易交流、资本流动和实体经济联系等。万蕤叶和陆静（2018）研究了次贷危机和欧洲债务危机期间的风险传染途径。他们得出的结论是，前者的风险传染主要由贸易渠道支配，而后者的风险传染主要由投资者情绪支配。这凸显了不同时期风险传染机制路径的变化性。总的来说，风险传染途径的机制是复杂多样的，并且取决于具体的经济和金融背景。需要进一步研究，以更好地理解不同途径之间的相互作用以及它们如何促进在不同市场和时期中金融风险的传播。这种理解有助于决策者和投资者制定更有效的策略来管理和减轻金融风险。

学者已经在各个行业，例如房地产、银行和石油等领域，对风险传染进行了广泛研究，但是在不同行业板块之间的股票市场中风险传染的研究仍然不足。一些现有的研究已经探讨了中国股票市场中不同行业板块之间的波动性溢出效应以及这些溢出效应的机制。徐晓光等（2017）分析了中国内地和中国香港股票市场之间的波动性溢出，并发现资本市场的开放和投资者的非理性行为可能会加剧溢出效应。杨扬和林惜斌（2013）研究了八个行业板块的时变波动性溢出效应，包括开采、房地产、食品饮料等，发现不同阶段周期性和非周期性行业之间存在不同的溢出关系。崔金鑫和邹辉文（2020）使用高阶动量 GARCHSK 模型研究了中国股票市场行业板块的高阶动量波动特征，发现显著的高阶动量溢出效应，表明行业之间存在风险溢出，并且个别行业风险很容易通过行业之间的相互作用传播到整个股票市场。然而，这些研究主要通过分析不同阶动量的溢出关系来分析股票市场中不同行业板块之间的风险传染。侯仲凯等（2018）基于市值前九位的 SEC 主要行业指数，并构建了它们的滚动风险价值（VaR）R－Vine Copula 模型，通过分析危机下行业指数之间的相互依赖结构和传染效应来分析行业指数之间的风险传染效应，有效地考虑了行业指数之间的下尾风险相关性，但该研究仍未捕捉到行业指数之间尾部风险传染的时变特征。

韩非和肖辉（2005）结合股指的串行相关性和条件异方差性来建模市场传染，发现中国和美国股市之间存在弱相关性。胡秋灵和刘伟（2009）使用 VaR 模型、Granger 因果检验和方差分解来实证分析上证综指和标普 500 指数的收益，并发现两个市场之间存在联系。李宏宇（2010）使用空间权重矩阵构建回报交互效应模型，发现同一行业中的股票之间存在联系效应。麻晓芳（2010）使用 DCC－GARCH 模型来衡量中国 A 股主要行业部门的波动率和相关性，发现每个行业部门的日收益之间存在正相关性。杨成和袁军（2011）研究中国行业股票指数收益之间的联系关系，使用多项选择模型分析影响这种关系的因素。刘子威（2012）调查了中国股市和美国股市之间的回报和股价波动率之间的联系，发现中国股市与世界股市之间的联系正在加强。丁振辉和徐瑾（2013）研究了上海和香港股票市场之间的联系，发现两个市场之间存在联系，上海股市对香港股市的影响更强。曾志坚、岳凯文和齐力（2015）使用复杂网络分析为新能源领域的 88 只股票建立了一个非定向无权联系网络，并发现该领域中的股票之间存在显著联系。叶巧凤（2015）使用 DCC－MGARCH 模型分析中国股市中行业间波动率的动态关系，发现股指收益波动率的最高相关性在制造业和农、林、渔、牧业之间。李政等（2016）构建了中国金融机构之间的相关网络，发现机构间相关度逐年增加，系统性风险在积累，影子业务是主要罪魁祸首。黄炯和张海亮（2017）使用分位数回归模型分析新兴市场之间的联系，发现中国股市在较低分位数时表现较差，在较高分位数时表现较好。胡利琴等（2018）构建了中国银行业之间的有向网络相关图，发现银行业中的复杂贷款网络是诱发系统性风险传染的重要原因。郭文伟和王礼昱（2019）使用 R - Vine - Copula 方法和 DCC - GARCH - CoVaR 方法分析了金融子行业之间时变的联系，并确定了金融机构在其中的重要性。

King（1966）是最早发现产业因素可以影响股票价格的人之一。此后，Meyers（1973）和 Livingstion（1977）支持了这一想法，认为产业因素对股票价格有显著影响，其中有 26% 的股票价格波动可以通过这些因素解释。Urias 等（1998）和 Freiman（1998）在欧洲地区进行的研究发现，相对于地理位置分布，产业因素对解释股票价格波动的贡献更加重要。同样，Bonanno 等（2004）通过计算每个股票的股票波动相关系数来构建了两个公司之间的股票价格波动相关性强度的复杂网络，分析了公司之间的关联，并发现产业因素在这种关联中发挥了重要作用。Carrieri（2001）在研究中选择了包括美国在内的 16 个地区的 10 个行业的股票回报数据，比较了各个行业和地区的多元化投资回报率。结果显示，随着每个地区之间产业之间的关联增加，这些国家股票市场中产业部门之间的关联也会增加。Bae 等（2003）是率先使用多项式选择模型研究产业极端回报关联的学者，他们通过估计单个行业回报之间的关联来解释正面和负面的产业关联，并用这种关联来估计产业股票指数运动的正面和负面概率。Kallberg 和 Pasquariello（2008）使用滚动回归技术分析了行业指数超额关联的动态过程。在消除系统性因素的影响后，使用行业指数回报之间的相关性反映了各个行业之间的超额关联关系。他们发现，这种超额关联关系在 20 世纪 90 年代末至 21 世纪初表现得越来越明显。Huang 等（2009）在中国证券市场的上海和深圳市场选择了一些股票，并使用平面最大滤波方法构建了股票市场相关网络。研究发现股票之间存在显著的行业集聚现象。同样地，Tabak 等（2010）在对巴西股票市场进行研究时也发现了相同的集聚现象。Korkmaz 等（2012）研究了包括哥伦比亚、越南和埃及在内的“灵猫六国”股票市场之间的回归和波动溢出。研究发现，对于市场冲击的信息敏感度最高的是工业部门，而最低的是银行部门。研究还发现，尽管股票市场之间的溢出效应在同一时期总是较低的，但这些股票市场有时会展现出强烈的同质趋势和高度的相互依赖性。总之，行业因素在解释股票价格波动方面发挥着重要作用。学者已经进行了许多研究，以探讨行业因素和股票价格之间的关系，一些研究集中在行业相关性，而另一些则集中在股票市场相关网络上。这些研究强调了行业因素对股票价格的重大影响以及在股票市场投资时了解这些因素的重要性。

在研究金融风险传染时，国内外学者的大部分研究都集中在金融市场和金融机构方面。对于金融市场，学者探讨了不同时间段国内外各种股票市场、外汇市场和期货市场的风险传染效应。而对于金融机构，研究主要集中在银行和其他金融机构之间的风险传染效应上，尤其是银行业。虽然其他金融子行业也有一些研究，但数量相对较少。因此，目前在股票市场产业层面上的风险传染研究存在明显的缺口。在以往的金融危机中，受风险传染影响最大的行业并不仅仅限于金融和房地产行业。然而，目前对金融市场的产业层面的风险传染研究主要集中在这两个行业上，缺乏对其他行业的全面覆盖。随着全球经济中产业间联系日益紧密，全面研究股票市场产业层面上的风险传染效应至关重要。目前的研究缺口还远远不足以应对产业之间复杂联系的潜在影响，因此，探索股票市场产业层面上的风险传染效应不仅有助于更全面地了解金融风险传染，还有利于未来产业开发有效的风险管理策略。

目前关于风险传染效应的研究可分为两个主要方面：测量和识别，以及传递机制。在测量和识别方面，学者主要关注不同市场之间风险传染的存在、变化性以及随时间的变化性质。关于风险传染的传递机制，当前的共识是经济层面的趋同性和相关性，或者是投资者行为。然而，当涉及股票市场行业层面的风险传染时，大多数现有研究仅限于测量和识别其效应，尚缺乏有关潜在机制的理论分析和实证研究。因此，探讨不同行业和市场之间风险传染可能的渠道至关重要。这可能涉及研究行业的结构特征和它们之间的相互依存关系，以及调查投资者的行为及其对风险传染的影响。更深入地了解这些机制将为制定有效的风险管理策略和政策，以减轻金融危机的影响提供有价值的见解。

学者利用各种模型来测量风险传染效应，主要是针对不同级别的瞬时溢出和尾部风险溢出。然而，目前在股票市场行业层面上的风险传染研究在实证模型构建和测量方法选择方面需要进一步改进。现有文献大多采用GARCH模型和VAR模型研究行业间不同级别的瞬时溢出效应，但缺乏对尾部风险传染效应的测量和分析。当金融市场处于极端情况下时，风险的传染性和破坏性更强。此外，目前对行业部门风险传染效应的研究主要依赖于静态参数模型，与市场环境的动态变化相矛盾，不利于对潜在影响机制进行更深入的实证研究。为了解决这些问题，有必要探索更多动态模型和非参数方法来测量行业层面上的风险传染。这可能涉及使用Copula模型、时变参数模型和机器学习技术。通过改进对风险传染效应的测量和分析，我们可以增强对不同行业的相互依赖和相互联系的理解，并制定更有效的风险管理策略和政策，以防止和减轻金融危机的影响。

第三节　数据来源与实证分析

一、数据来源

股票市场行业板块的收益率通常用行业收盘价取对数来反映，本章拟选取股票二级行业的日收益率序列作为研究样本。与以往研究股票的日收益率的溢出效应不同，本章选取二级行业的日收益率为研究对象，剔除数据不完整的样本，共选取了27只二级行业股票。选取的具体行业为综合，农林牧渔，食品饮料，纺织服装，互联网，国防与装备，轻工制造，化石能源，基础化工，钢铁，有色金属，机械设备，交运设备，电气设备，家电，电子设备，信息技术，文化传媒，医药生物，休闲、生活及专业服务，房地产，金融，公用事业，交通运输，建筑，建材，商贸零售，共27个分类行业。本章收集了以上27个行业的收盘价，数据均来源于Wind数据库。

基于数据可得性，本章对这27个行业的起始时间取交集，其中互联网、国防与装备2个行业的数据从2016年10月10日才开始，所以本章对其他的25个股票行业起始时间取交集，得到样本区间起点为2012年7月3日，对其截止时间取交集，得到样本期间终点为2023年3月31日，最终得到2012年7月3日至2023年3月31日股票市场各行业收益率的日度数据共有2626个观测数据。使用上述数据可计算各市场价格的日内收益率情况，根据公式 $R_t = log(P_t) - log(P_{t-1})$ 求得各股票行业的收益率。25 个二级行业的收益率时间序列结果如图 6.1 所示，可以观测出文化传媒行业收益率序列波动较剧烈，而房地产、金融行业波动范围不大。

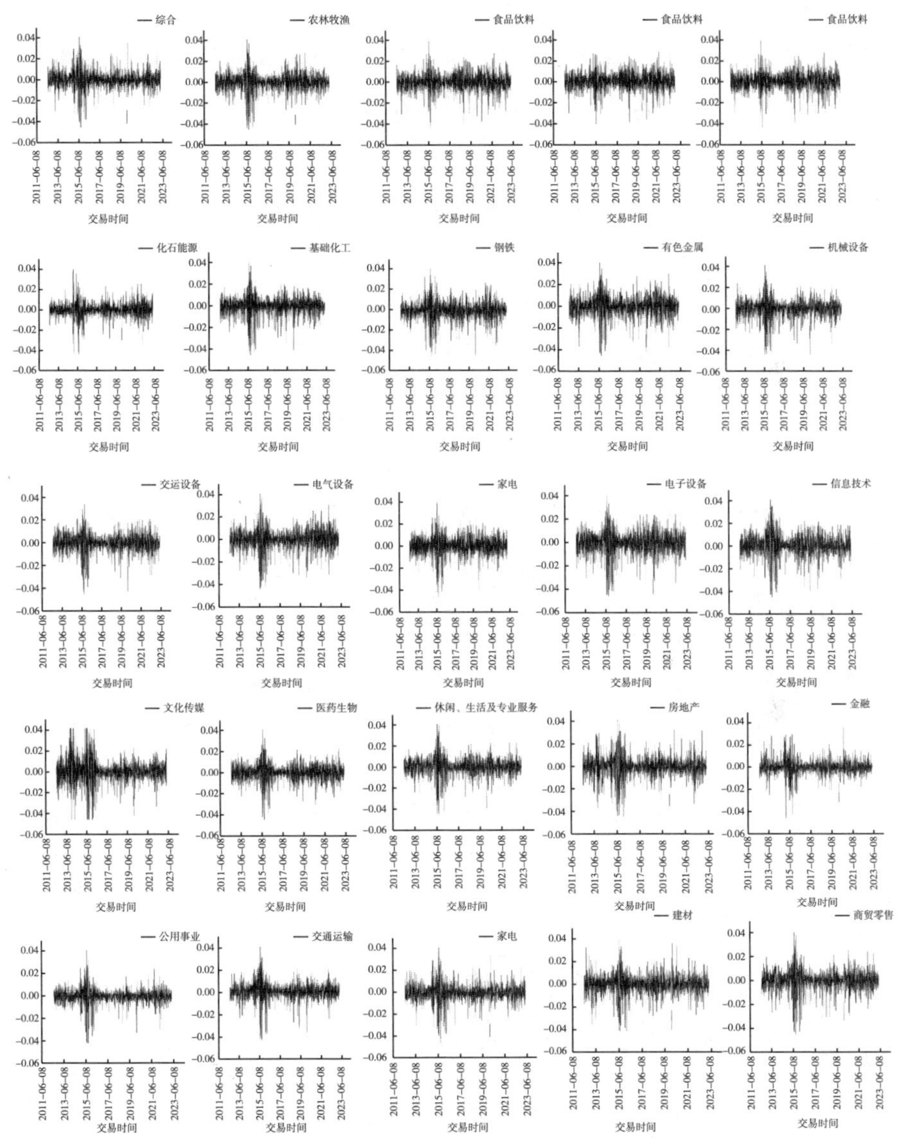

图 6.1　股票各行业的收益率时序

表6.1报告了各变量的描述性统计结果，可以看出各行业股票收益率的均值、极值、标准差、偏度和峰度情况，具体数值表明各行业股票偏度值均小于0，为左偏。另外，峰度值大于3，为尖峰厚尾。其次J-B检验的检验结果都在1%的显著性水平下显著，表明所有收益率序列都不是正态分布，从ADF单位根检验中可以看出所有收益率序列也都无单位根，即序列平稳，均可用于接下来的风险溢出模型，即TVP-VAR-DY模型的建立。

表6.1　　股票各行业收益率的描述性统计结果

	均值	中位数	最大值	最小值	标准差	偏度	峰度	JB值	ADF
综合	0.0001	-0.0001	0.0416	-0.0455	0.0078	-0.4592	8.8893	3887.2970	0.0000
农林牧渔	0.0002	0.0004	0.0410	-0.0454	0.0082	-0.6768	8.0856	3030.3290	0.0000
食品饮料	0.0003	0.0002	0.0399	-0.0437	0.0077	-0.3440	5.7791	896.8320	0.0000
纺织服装	0.0000	0.0005	0.0412	-0.0452	0.0075	-0.9779	10.4174	6438.4070	0.0000
轻工制造	0.0001	0.0005	0.0392	-0.0440	0.0076	-1.0212	9.4883	5062.7120	0.0000
化石能源	0.0001	0.0001	0.0400	-0.0456	0.0067	-0.5567	9.6615	4991.0610	0.0000
基础化工	0.0002	0.0006	0.0405	-0.0448	0.0079	-0.9327	8.8573	4134.6050	0.0000
钢铁	0.0001	0.0004	0.0416	-0.0459	0.0085	-0.6319	7.6861	2577.4700	0.0000
有色金属	0.0001	0.0004	0.0414	-0.0456	0.0089	-0.6108	6.6026	1583.4040	0.0000
机械设备	0.0001	0.0006	0.0412	-0.0443	0.0081	-0.9206	8.9898	4296.5840	0.0000
交运设备	0.0002	0.0003	0.0410	-0.0451	0.0075	-0.6166	7.6222	2504.0280	0.0000
电气设备	0.0002	0.0006	0.0406	-0.0451	0.0087	-0.6567	7.1425	2066.3740	0.0000
家电	0.0003	0.0003	0.0414	-0.0454	0.0077	-0.4740	6.9548	1809.6420	0.0000
电子设备	0.0002	0.0006	0.0414	-0.0458	0.0091	-0.6687	6.6425	1647.4100	0.0000
信息技术	0.0002	0.0004	0.0415	-0.0455	0.0091	-0.5911	6.7554	1695.9680	0.0000
文化传媒	0.0001	0.0001	0.0415	-0.0459	0.0110	-0.1731	7.3370	2071.2000	0.0000
医药生物	0.0002	0.0003	0.0413	-0.0444	0.0074	-0.5360	7.5570	2397.8900	0.0000
休闲、生活及专业服务	0.0003	0.0006	0.0414	-0.0450	0.0081	-0.7510	8.7673	3886.2460	0.0000
房地产	0.0001	0.0001	0.0408	-0.0454	0.0090	-0.5111	7.9851	2833.4540	0.0000
金融	0.0001	-0.0001	0.0368	-0.0456	0.0062	-0.0611	9.8088	5074.1350	0.0000
公用事业	0.0001	0.0003	0.0413	-0.0455	0.0068	-0.9656	12.8643	11054.7400	0.0000

续表

	均值	中位数	最大值	最小值	标准差	偏度	峰度	JB 值	ADF
交通运输	0.0001	0.0002	0.0411	-0.0450	0.0071	-0.8187	10.5347	6505.1830	0.0000
建筑	0.0001	-0.0001	0.0416	-0.0455	0.0078	-0.4592	8.8893	3887.2970	0.0000
建材	0.0001	0.0004	0.0412	-0.0434	0.0081	-0.5800	7.4083	2273.5090	0.0000
商贸零售	0.0001	0.0005	0.0406	-0.0455	0.0082	-0.8570	8.6026	3755.9030	0.0000

二、实证分析

（一）静态溢出分析

本章基于广义误差方差分解（GFEVD）的溢出指数方法考察中国股票各个行业的溢出效应。在进行具体建模之前采取 AIC 准则确定滞后阶数为 1 阶，预测误差方差分解的期数为 12 期，表 6.3 为收益率序列的静态溢出表。具体地，表 6.2 和表 6.3 左上方的 25 × 25 阶方阵被称为预测误差方差分解矩阵，其中矩阵对角线的元素代表某个情绪或市场自身所承担的风险比例，可以观察到，对角线元素数值最大，这说明每个变量对自己本身的溢出最大。

由表 6.2 可知，整个系统中各个股票行业的总风险溢出值高达 90%，说明行业之间存在较明显的风险溢出效应，也说明系统中行业股票之间存在较高的风险溢出效应，行业之间联系较密切，研究它们之间的收益溢出效应具有一定意义。其次，本章还关注了行业股票溢出的 FROM 值、TO 值，以及 NET 值。

观察表 6.2 倒数第二行可知，农林牧渔，食品饮料，化石能源，钢铁，有色金属，电气设备，文化传媒，医药生物，休闲、生活及专业服务，房地产及金融行业净溢出指数均为负值，说明这些行业均为负向（净接受方），其中，净溢入指数排名前五位的行业为化石能源、金融、食品饮料、文化传媒和钢铁；而综合、纺织服装、轻工制造、基础化工、机械设备、交运设备、电气设备、信息技术、公用事业、交通运输、建筑、建材、商贸零售均为正值，为正向（净发送方）的溢出。这表明中国股票市场内部各类行业之间具有显著的跨行业溢出效应，其中，净溢出指数排名前五位的为机械设备、基础化工、轻工制造、纺织服装和商贸零售。

表 6.2　股票各行业收益率溢出效应静态表

	综合	农林牧渔	食品饮料	纺织服装	轻工制造	化石能源	基础化工	钢铁	有色金属	机械设备	交运设备	电气设备	家电
综合	8.70	2.80	2.10	4.10	3.70	3.60	4.20	4.40	3.50	4.30	3.90	3.30	3.20
农林牧渔	3.10	9.80	2.80	4.70	5.20	1.80	5.20	2.70	3.90	5.20	4.00	4.80	3.40
食品饮料	2.80	3.70	13.10	3.60	4.60	1.90	4.10	2.50	3.10	4.0	4.00	3.70	5.90
纺织服装	3.60	3.80	2.20	7.70	5.30	2.00	5.20	3.10	3.70	5.30	4.00	4.30	3.30
轻工制造	3.10	4.00	2.70	5.00	7.20	1.70	5.40	2.90	4.00	5.60	4.20	4.90	3.80
化石能源	5.50	2.50	2.10	3.40	3.00	13.90	4.30	6.00	4.70	3.50	3.80	2.70	2.80
基础化工	3.40	3.90	2.40	4.80	5.30	2.40	7.00	3.50	4.80	5.80	4.40	5.00	3.30
钢铁	5.10	2.90	2.00	4.10	4.00	4.60	5.00	10.30	5.60	4.40	3.80	3.50	2.80
有色金属	3.50	3.70	2.20	4.20	4.90	3.10	6.00	4.80	8.80	5.50	4.80	5.30	2.90
机械设备	3.40	3.80	2.30	4.80	5.40	1.90	5.60	3.10	4.40	6.80	4.70	5.40	3.40
交运设备	3.60	3.40	2.70	4.30	4.90	2.40	5.10	3.10	4.60	5.60	8.20	5.20	3.90
电气设备	3.00	4.00	2.40	4.40	5.40	1.70	5.70	2.80	5.00	6.30	5.20	8.20	3.30
家电	3.40	3.40	4.50	4.00	5.40	2.00	4.30	2.70	3.10	4.50	4.50	3.90	9.70
电子设备	2.70	3.70	2.40	4.50	4.10	1.40	5.40	2.30	4.00	6.10	4.70	5.80	3.60
信息技术	2.90	3.80	2.20	4.90	5.60	1.50	5.20	2.30	3.50	5.80	4.30	5.20	3.50
文化传媒	2.80	2.90	1.60	4.50	5.30	1.40	3.60	2.20	2.60	4.0	3.00	3.30	2.40
医药生物	2.60	4.10	4.30	4.80	4.30	1.30	5.00	2.10	3.10	5.10	3.90	4.70	4.30
休闲、生活及专业服务	3.00	3.80	3.20	4.90	3.00	1.60	4.80	2.40	3.20	5.00	3.80	4.30	3.80
房地产	4.90	3.00	2.20	4.50	4.30	2.70	4.10	3.50	3.00	4.00	3.40	3.20	3.80
金融	5.10	2.10	3.10	3.10	3.00	6.00	3.20	3.90	3.00	3.10	4.10	2.30	4.60
公用事业	4.80	3.60	2.10	4.60	4.30	3.30	4.70	3.90	3.70	4.80	4.10	4.20	3.10
交通运输	4.40	3.40	2.60	4.60	4.40	2.90	4.50	3.70	3.60	4.60	4.20	3.70	3.60
建筑	8.70	2.80	2.10	4.10	3.70	3.60	4.20	4.40	3.50	4.30	3.90	3.30	3.20
建材	4.80	3.40	2.50	4.30	4.70	2.80	5.00	4.20	3.80	4.90	4.00	3.70	3.90
商贸零售	3.20	4.10	3.30	4.90	5.30	1.80	4.90	2.80	3.60	5.10	4.00	4.30	3.90
TO	93.40	82.80	61.80	105.30	111.70	59.601	14.90	79.20	90.80	116.90	98.70	100.20	85.70
NET	2.10	-7.40	-25.00	13.00	18.90	-26.60	21.90	-10.60	-0.40	23.90	6.90	8.40	-4.60
NPDC transm itter	12.00	18.00	22.00	3.00	2.00	23.00	1.00	19.00	14.00	0.0	7.00	5.00	17.00

续表

	电子设备	信息技术	文化传媒	医药生物	休闲、生活及专业服务	房地产	金融	公用事业	交通运输	建筑	建材	商贸零售	FRO M
综合	2.80	3.10	2.30	2.40	2.90	4.20	3.30	4.90	4.80	8.70	5.10	3.60	91.30
农林牧渔	4.10	4.40	2.70	4.10	4.00	2.80	1.60	4.10	3.90	3.10	3.90	5.00	90.20
食品饮料	3.60	3.50	1.80	5.60	4.30	2.60	2.70	3.20	3.90	2.80	3.70	5.10	86.90
纺织服装	4.10	4.60	3.50	3.80	4.10	3.40	1.90	4.20	4.30	3.60	4.00	4.80	92.30
轻工制造	4.60	4.80	2.90	4.20	4.20	3.10	1.70	3.80	3.90	3.10	4.20	4.90	92.80
化石能源	2.00	2.20	1.70	1.80	2.20	3.50	5.40	5.10	4.70	5.50	4.40	3.10	86.10
基础化工	4.50	4.50	2.50	3.80	3.80	2.90	1.80	4.00	4.00	3.40	4.30	4.50	93.00
钢铁	2.70	2.80	2.00	2.20	2.70	3.40	2.90	4.70	4.60	5.10	5.20	3.60	89.70
有色金属	4.10	3.80	2.20	2.90	3.10	2.60	2.00	3.90	3.80	3.50	4.10	4.10	91.20
机械设备	4.90	4.90	2.70	3.80	3.90	2.80	1.70	4.10	3.90	3.40	4.20	4.60	93.20
交运设备	4.50	4.30	2.30	3.40	3.50	2.80	2.40	4.00	4.10	3.60	4.00	4.20	91.80
电气设备	5.40	5.00	2.50	3.90	3.70	2.40	1.40	4.00	3.50	3.00	3.50	4.40	91.80
家电	3.90	4.00	2.00	4.30	3.90	3.50	3.20	3.50	4.10	3.40	4.50	4.70	90.30
电子设备	8.60	6.80	2.90	4.30	4.10	2.40	1.40	3.50	3.40	2.70	3.30	4.50	91.40
信息技术	6.40	8.20	3.60	4.40	4.30	2.60	1.70	3.60	3.60	2.90	3.40	4.60	91.80
文化传媒	3.50	4.50	26.70	3.00	3.50	2.60	1.50	3.40	3.30	2.80	2.80	3.70	73.30
医药生物	4.80	5.10	2.60	9.90	4.60	2.40	1.60	3.50	3.60	2.60	3.60	5.10	90.10
休闲、生活及专业服务	4.30	4.70	3.10	4.40	9.10	3.20	1.90	3.70	4.40	3.00	3.80	5.30	90.90
房地产	2.90	3.20	2.40	2.70	3.70	10.60	4.00	4.10	5.30	4.90	5.10	4.60	89.40
金融	2.00	2.50	1.80	2.20	2.50	4.80	15.00	4.20	5.00	5.10	4.70	3.50	85.00
公用事业	3.40	3.60	2.70	3.00	3.40	3.40	2.60	8.80	4.60	4.80	4.20	4.00	91.20
交通运输	3.20	3.60	2.60	3.10	3.90	4.20	3.10	4.50	8.10	4.40	4.40	4.70	91.90
建筑	2.80	3.10	2.30	2.40	2.90	4.20	3.30	4.90	4.80	8.70	5.10	3.60	91.30
建材	3.20	3.40	2.20	3.10	3.40	4.00	3.00	4.10	4.40	4.80	8.10	4.30	91.90
商贸零售	4.10	4.40	2.90	4.20	4.60	3.40	2.20	3.70	4.40	3.20	4.00	7.90	92.10
TO	92.00	96.80	60.30	83.30	87.20	77.20	58.40	96.60	100.50	93.40	99.60	104.70	2250.90
NET	0.70	4.90	-12.90	-6.80	-3.60	-12.30	-26.60	5.40	8.60	2.10	7.70	12.60	TCI
NPDC transm itter	11.0	08.00	21.00	16.00	15.00	20.00	24.00	9.00	8.00	13.00	8.00	4.00	90.00

为了研究行业之间的风险传递源，此处重点关注净溢出指数值。就每个变量对整个系统的溢出而言，由上述分析可知，相较于能源、金融行业，商业贸易行业的净溢出指数较强，大多处于风险输出者的地位，这可能是由于新冠疫情的暴发，使这些贸易行业的冲击相对明显，因此，在样本研究时期，商品贸易类行业的风险溢出能力增强。同时，本章还发现基础建设行业的风险溢出能力也较强，基础建设不仅是对我国综合国力的体现，而且在工业化进程中处于决定性地位。2008 年，国际金融危机席卷全球，我国推出大规模经济刺激计划，我国的基础建设也得到了很好的发展，但在全球疫情的背景下，仍需加快新型基础设施建设，做实我国经济高质量发展基础。本章研究还发现，净溢出指数与 TO 值前十名行业排名相同，说明这些行业的风险溢出值远大于风险接收值，在系统中承担风险发起者的位置。

（二）动态溢出分析

1. 股票行业内部总溢出效应

由于表 6.2 的静态溢出分析只能表示各变量在样本期间内的平均水平，无法观察出不同的投资者情绪与绿色债券等市场的时变特征，在特殊事件的影响下市场波动情况有可能产生较大波动，因此本章将进一步分析各市场之间的动态溢出指数，如图 6.2 所示。

首先，在整个样本期间，股票行业内部的总溢出指数波动随时间的变化而变化，除了在特殊年份（2016 年和 2020 年）以外，总收益溢出指数分别在 90% 左右，这也说明了整个样本中，各股票行业内部存在较高的交互程度。从图 6.2 中可以观察到，在 2021 年之前，行业间收益率的总溢出指数波动幅度相对较小，均在 90% ~95% 波动，自 2021 年之后，总收益溢出指数出现持续性下降。同时，从图中可以明显观察出波动存在三个大的周期，第一个为 2015—2017 年，第二个为 2008—2020 年，第三个为 2021—2023 年（这与新冠疫情的持续时间相一致）。

三个周期的波动原因有以下几点。第一，2015 年 6 月，场外配资清理以及分级基金去杠杆的行为造成连锁反应，形成巨大的股票及金融市场动荡，从图 6.2 中可以看出，这一年总溢出指数一直呈现上升的状态，直至熊市结束。2015 年 8 月全球股市出现暴跌，相关股票指数出现下降，行业总溢出指数开始上升。随后2016年中国证监会发布了熔断机制和英国“脱欧”事件使行业收益率之间的总溢出指数保持在较高水平。2016年8月，中央经济工作会议提出五大任务“去产能、去库存、去杠杆、降成本、去短板”，对行业之间承担风险行为进行了有效改善。第二个周期开始于2018年初，随着全球股市的暴跌，总溢出指数从2018年末的低水平至2019年达到较高水平，大约94%，随后虽然出现了下降，但收益率的总溢出能力依旧保持在一个新的较高水平，直到2021年开始，随着疫情的控制，总溢出指数开始呈现下降趋势，在2022年末控制在80%左右。

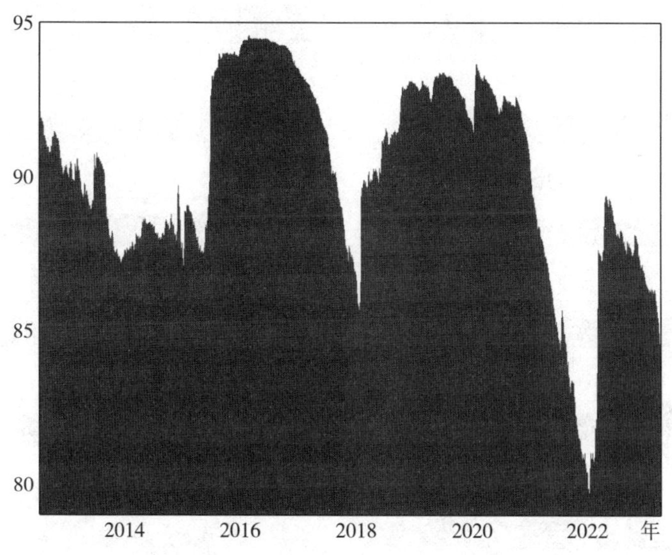

图6.2　股票行业收益率的总溢出

2. 股票行业内部方向性溢出效应

由图6.3可知，股票行业内部方向性溢出效应波动较明显，都表现出相当明显的时变特征，各个行业在相同时点的极端事件下产生了较大程度的波动，如在2015年油价和股价下跌以及2020年新冠疫情期间，方向性溢出效应开始增大。这和上述静态分析的结果相一致，而综合、纺织服装、轻工制造、基础化工、机械设备、交运设备、电气设备、信息技术、公用事业、交通运输、建筑、建材、商贸零售均为正值，为正向（净发送方）

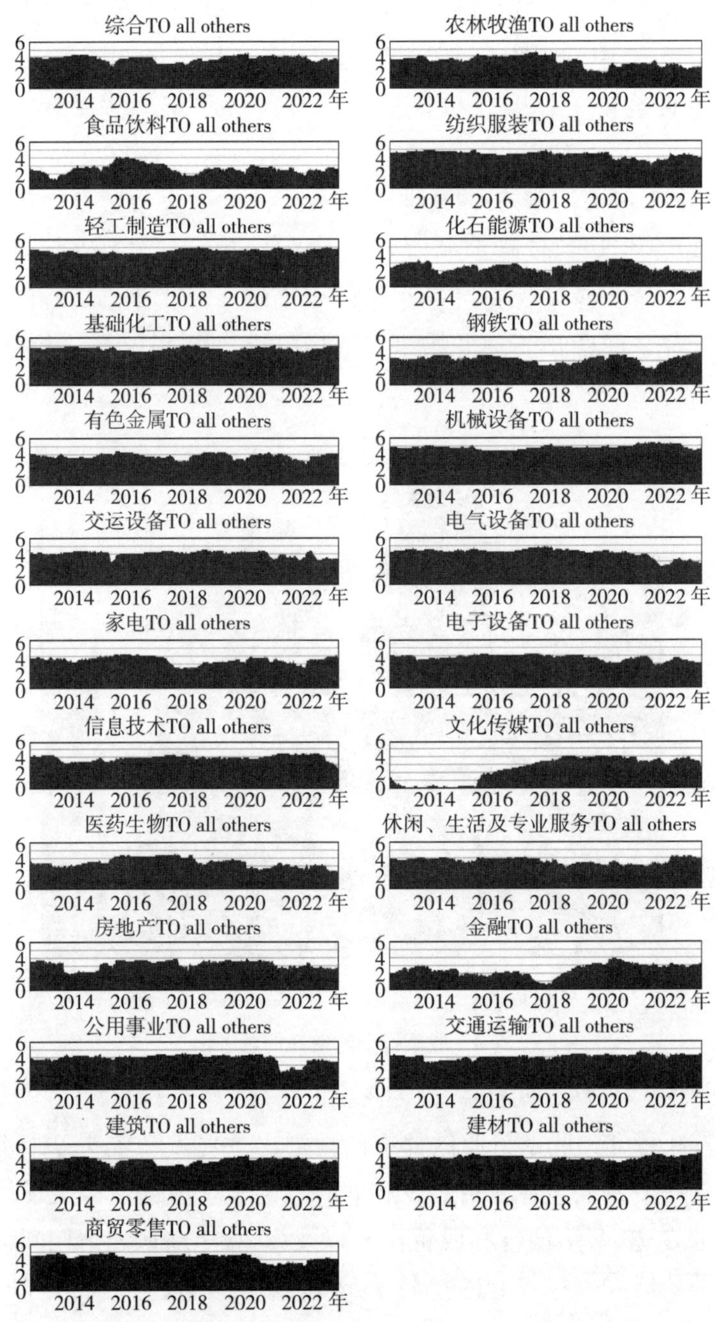

图 6.3　股票各行业收益率的方向性溢出（TO others）

的溢出。这表明中国股票市场内部各类行业之间具有显著的跨行业溢出效应，其中，净溢出指数排名前五位的分别为机械设备、基础化工、轻工制造、纺织服装和商贸零售。特别要指出的是，食品饮料、有色金属、化石能源、文化传媒和金融的方向性溢出（TO others）相较别的行业而言比较弱，说明这些行业不是溢出的主要领导者。观察图 6.4 的各个市场的投资者情绪与其对应的市场的波动溢入效应，农林牧渔，食品饮料，化石能源，钢铁，有色金属，电气设备，文化传媒，医药生物，休闲、生活及专业服务，房地产及金融行业净溢出指数均为负值，说明这些行业均为负向（净接受方），其中，净溢入指数排名前五位的行业分别为化石能源、金融、食品饮料、文化传媒和钢铁。其中，文化传媒在 2014 年时期溢出指数（FROM others）较低，所以文化的发展还有一定的空间。

对于该动态溢出图，应该关注风险领导行业，这与整个市场面临重大冲击后了解风险传染的机制和查明传染源的重要性同等重要，具有系统重要性的部门可以向投资者发出有用的信号，从而使其根据系统性风险相应地重新调整其投资组合的选择。

由图 6.5 的股票各行业收益率的方向性溢出（NET）图的结果分析可知，工业行业具有较大的信息输出特征，是市场中的信息发起者，尤其是机械设备、基础化工行业。而金融、食品饮料和化石能源行业具有较大的信息输入特征，是市场中的信息接受者。对于该结论，投资者可以将这类行业股票的信息披露以及变动作为在投资组合管理时的参考指标，特别是当投资组合中包括医疗生物、交运设备等行业股票时，机械设备行业是投资者作出决策的一个至关重要的领先指标。此外，若投资者对房地产和多元金融行业比较感兴趣时，可以参考机械设备行业股票的变动情况进行决策。

其次，时刻关注风险领导行业股票的波动情况，投资者可以参考它们的波动情况作为风险预警标志，当机械设备等行业股票发生较大变动时，其他行业也会出现类似的波动情况，尤其是对风险溢出最为敏感的化石能源行业股票而言，从而作出相应的投资策略，降低风险冲击带来的损失。

图 6.4 股票各行业收益率的方向性溢入（FROM others）

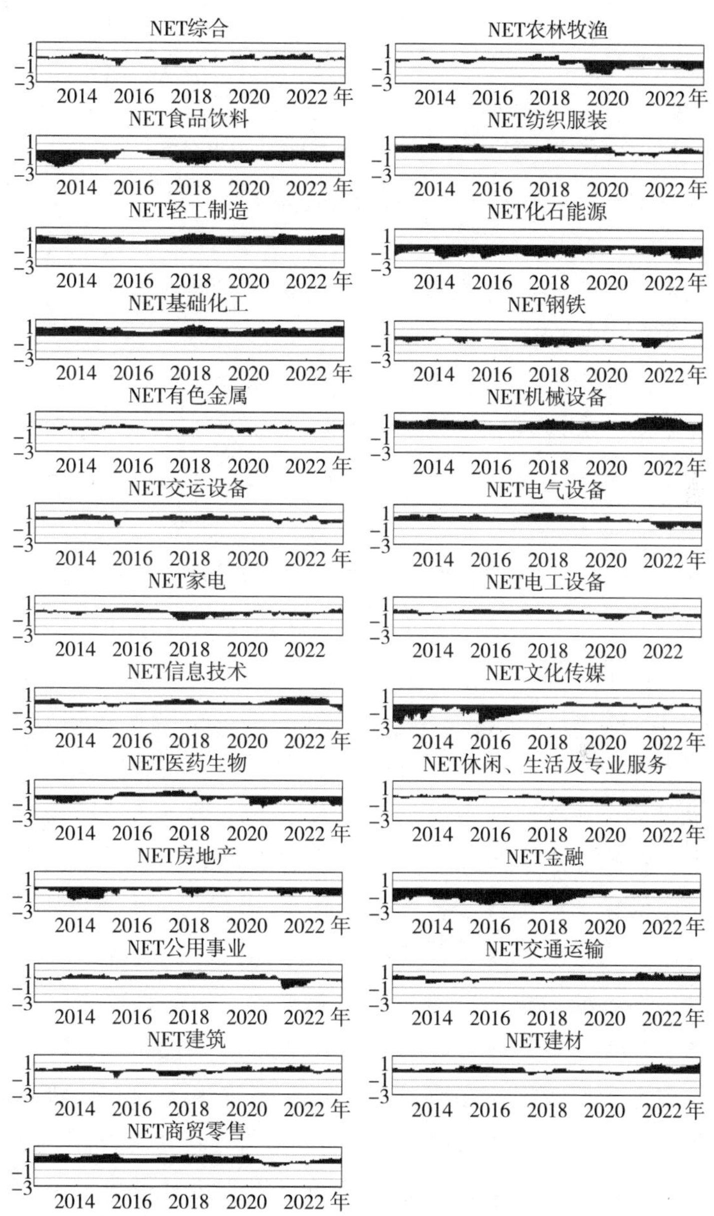

图 6.5　股票各行业收益率的方向性溢出（NET）

（三）研究结论

本章采用 TVP－VAR－DY 模型，研究了 2012 年 7 月至 2023 年 3 月中国股票市场内部各类行业的传染影响，并分析了各个股票行业内部之间的溢出效应的时变特征。实证表明，第一，中国股票市场内部各类行业之间具有显著的跨行业溢出效应。同时，各行业之间的传染影响与国内的经济形式和金融市场环境紧密联系，具有明显的时变特征。第二，从静态溢出效应来看，净溢入指数排名前五位的行业为化石能源、金融、食品饮料、文化传媒和钢铁，净溢出指数排名前五位的分别为机械设备、基础化工、轻工制造、纺织服装和商贸零售。第三，从动态溢出效应来看，除了在特殊年份（2016 年和 2020 年）以外，总收益溢出指数在 90% 左右，这也说明了整个样本中，各股票行业内部存在较高的交互程度。在 2021 年之前，行业间收益率的总溢出指数波动幅度相对较小，在 90%～95% 波动，自 2021 年之后，总收益溢出指数出现持续性下降。同时，从图 6.2 中可以明显观察出波动存在三个大的周期，第一个为 2015—2017 年，第二个为 2018—2020 年，第三个为 2021—2023 年。因此，对于股票市场内部各行业有显著的风险传染效应。

在 TVP－VAR－DY 的溢出指数框架下，研究结果表明系统中行业的总风险溢出值为 90%，表明行业间存在十分强烈的溢出效应。本章接着更加深入研究了每个行业的成对溢出指数以及净溢出指数，发现其他轻工制造行业对造纸行业的溢出值最大。同时在净溢出指数的结果中发现，机械设备行业的溢出值最大。机械设备、基础化工、轻工制造、纺织服装和商贸零售的净溢出值为正值，属于系统中的风险输出者。其次，基础化工等化工行业的溢出指数值为正值，而公用事业类行业，例如电力、水务等行业的净溢出指数较大，对其他行业的影响力较突出。在行业风险溢出中发现，高速公路，电力和商业物业经营行业在行业网络中占中心位置，对整个行业网络的影响力较大。造成这种现象的原因可能是高速公路产业链跨度大，其中建设、运营和维护三个环节涵盖建筑材料、机械设备、金融、休闲服务、化工和钢铁等多个行业领域，同时，各行业的生产销售均需要交通运输的参与，因此高速公路行业的影响范围广，强度大。其中医疗器械和医药商业行业对市场中较多其他行业的风险溢出十分敏感，较容易被影响，而电力行业则相反。

针对股票市场投资者，本章提出以下几点建议。首先，投资者应该认识到不同行业之间的风险溢出效应，并避免将所有资金集中在同一行业内。其次，投资者需要注意行业内部的交互影响程度，以及其与宏观经济和金融市场的关联性。最后，在市场波动较大的时期，投资者应该保持冷静，不要盲目跟风，避免因为情绪而作出错误决策。针对于政策制定者，本章则从强化跨行业风险监管、关注经济形式和金融市场环境变化、促进行业间合作和协同发展、健全股市投资者教育和风险防范机制等方面提出建议。

第七章　中国股票市场与全球主要国家经济政策不确定性的风险传染

第一节　中国股票市场与全球主要国家经济政策不确定性风险传染的理论机理

自 2008 年国际金融危机以来，经济政策在金融市场中的重要性已经逐渐显现，监管机构和投资者也越来越认识到了这一点。与美国和欧洲的资本市场相比，中国的股票市场仍然以股票投资为主。然而，随着信息技术和物流网络的迅速发展和普及，不同国家的经济政策信息和资本流动在不断扩散中产生了交互作用。2008 年的金融危机和 2020 年的新冠疫情在中国股市展现了明显的“板块聚集效应”，不同国家对中国股市的溢出影响差异显著。为了应对这种情况，投资管理公司已开始将部分行业基金配置到多样化的投资风险中。然而，需要更多研究来衡量和分析经济政策不确定性对股票市场波动的时变溢出效应，并进一步研究不同经济时期和市场环境下的基础影响机制。这样的研究不仅具有重要的理论意义，也对决策者和投资者具有实际重要性。通过了解不同国家的经济政策不确定性对中国股票市场的冲击，投资者可以作出更好的投资决策，避免受到负面影响。此外，政策制定者可以利用这些信息制定更好的宏观审慎管理政策，并采取措施防止或减轻未来金融危机的影响。

中国股票市场在过去 30 年中取得了长足的发展，已成为世界上最大的股票市场之一。2018 年，中国 A 股被纳入 MSCI 新兴市场指数和全球指数。中国股市已成为国际投资者的重要投资渠道。中国作为一个新兴经济体，几十年来一直处于经济体制改革的进程中，实体经济和股市受政策的影响较大。经济政策不确定性（EPU）指经济实体面临的政策不确定性，它们无法准确预测政府何时以及如何改变当前的经济政策，因此经济政策不确定性是各种市场运行的外部条件，对经济的影响非常深远。然而，中国股市还未成熟，制度不完善，有的中国投资者的非理性特征明显。因此，股市的波动是异常的，不仅给投资者带来巨大的损失和风险，而且给股市的发展和经济的可持续性带来了巨大的挑战。中国的股市如何应对经济政策不确定性（EPU）冲击，对我国股市健康发展，提高经济增长的可持续性具有重要意义。本章采用了不同国家的经济政策不确定性指数探讨对中国股票市场的冲击影响。

关于衡量经济不确定性的研究有以下一些。Bloom（2009）和 Basu 等（2017）以 VXO 和 VIX 等可观察的经济指标作为经济不确定性的代表。Baker 等（2016）根据报纸报道频率制定了主要经济体经济政策不确定性（EPU）的新指数。本章结合上述学者的使用的 EPU 指数，选用了 20 个国家的 EPU 指数来代表经济政策不确定性指标。

高度的不确定性使公司推迟投资。当然，一旦不确定性消退，企业就会增加招聘和投资。不确定性的抑制效应也包括家庭预防性支出削减和融资成本增加。除此之外，还包括管理风险规避。政策不确定指数的正冲击与工业生产、就业、GDP 和实际投资的显著下降有关。经济不确定性显著影响金融市场，特别是股票和商品期货市场。例如，Pastor 等（2013）提出一般均衡模型，分析政府政策变化对股价的影响。平均而言，股票价格应该在宣布政策变化时下跌。此外，政策变化应增加股票之间的波动性和相关性。Brogaard 等（2015）发现美国经济政策不确定性积极预测了超额市场收益。EPU 增加 1 个标准差与预测的 1 个月异常收益率增加 5.3% 相关。Bali 等（2017）调查经济不确定性在股票投资组合横截面定价中的作用，估计了股票对经济不确定性指数的敞口。其他一些研究分析了经济不确定性与商品市场之间的关系。

然而，大多数研究都集中在发达经济体，少数研究涉及发展中经济体。Fontaine 等（2017）调查了中国经济政策不确定性受到冲击对发达国家（美国、欧元区、日本和韩国）和新兴经济体（巴西和俄罗斯）可能产生的溢出效应。他们发现，在应对中国宏观变量的不确定性冲击时，存在本质的不对称性，尤其是对美国、欧元区和韩国而言，这些国家对繁荣时期已确定的冲击只表现出一些影响。然而，当持续低迷时，经济会受到工业生产、通货膨胀和出口下降以及失业率上升的影响。基于 GARCH - MIDAS 模型，Li 等（2017）研究 EPU 指数（中国经济政策不确定性和全球经济政策不确定性）与中国股市波动之间的关系，实证结果表明，中国经济政策的不确定性和全球 EPU 指数有利于预测股票波动。

经济政策不确定性将影响中国股市的波动。经济政策不确定性会从资本市场获取信息，误导投资者对股票市场风险的估计。它会加剧投资者情绪，导致资本市场投机和套利猖獗；挤出价值投资，促使资金更频繁地进出股市，加大股市波动。经济政策不确定性增加了不同金融市场的联系，从而增加了跨市场传染的风险。外汇、债券或信贷市场的风险可以转移到股票市场，导致股市波动更加剧烈。经济政策不确定性定性影响市场定价效率，影响投资者的宏观经济预期和对股市的信心。

第二节　数据来源与实证分析

一、数据来源

为了研究经济政策不确定性对中国股票市场的影响，以及关于溢出效应的时变特征，本章参考 Korobilis and Yilmaz（2018）的研究方法，将时变参数向量自回归（TVP - VAR）模型和基于广义方差分解的溢出指数方法（DY）结合起来，构建了时变参数向量自回归溢出指数（TVP - VAR - DY）模型进行实证分析。

股票市场的收益率通常用收盘价对数值表示，对于中国股票市场的代理数据，本章拟选取沪深 300 指数的月度收益率序列作为研究样本，该数据来源于 Wind 数据库。对于经济政策不确定性数据，与以往研究的重点不同，为了聚焦在不同国家的经济政策对于中国股票市场的影响，选取美国、巴西、加拿大等 20 个国家的经济政策不确定性指数为研究对象，数据均来源于相关网站。①

① http：//www. policyuncertainty. com.

基于数据可得性，得到中国股票和20个国家的经济政策不确定性的样本区间起点为2005年1月，样本区间终点为2022年12月，最终得到2005年1月至2022年12月的月度数据作为本研究样本，共有216个观测数据。使用股票市场的数据可计算中国股票市场价格的收益率情况，使用公式 $R_t = log(P_t) - log(P_{t-1})$ 求得中国股票市场的收益率，其时间序列结果如图7.1所示。另外，20个不同国家的经济政策不确定性的时间序列结果如图7.2所示。从图7.1可以观测出在2008年国际金融危机时期，股票收益率序列波动较剧烈，而图7.2显示出在2020年新冠疫情时期各国经济政策不确定性的波动明显，说明这一阶段经济政策发布频繁，有一定程度的动荡影响。2016年法国经济政策不确定指数相较别国最大，达到1100左右；而在2020年新冠疫情期间，美国的经济政策不确定性较大，波动也很剧烈。

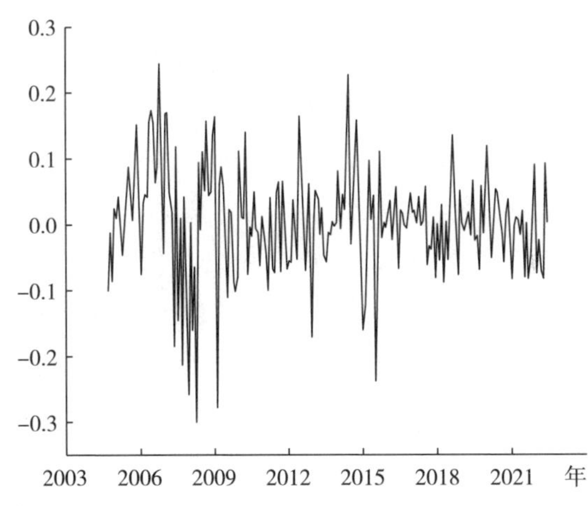

图7.1　股票市场收益率时序

根据图7.2可知，趋势线在2020年后开始动荡，这可能不仅是新冠疫情的影响，还有可能是美国众议院举行弹劾现任美国总统特朗普的公开听证会，这些事件对美国经济政策不确定性造成的冲击无疑是巨大的。欧洲各个的经济政策不确定性涉及成员众多，国家间的政局动荡要比一个国家内的政局变化大得多。在2017年，动荡也显著增加，主要是英国脱欧事件增加了欧洲各国的经济政策不确定性。

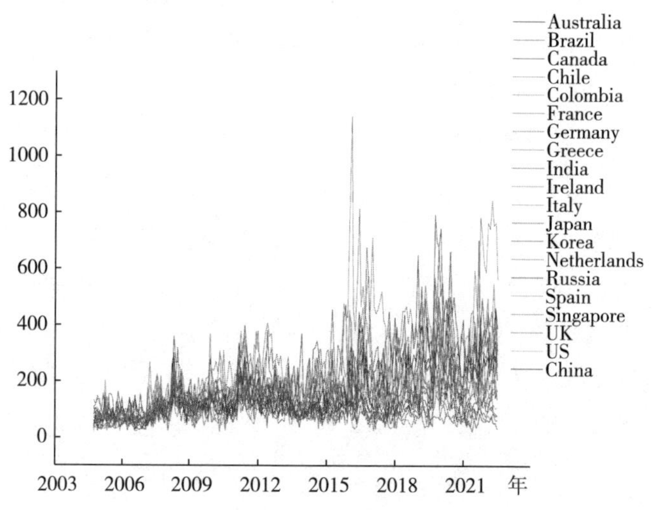

图 7.2　不同国家经济政策不确定性指数的时序

表 7.1 报告了各变量的描述性统计结果，可以看出各个国家的经济政策不确定性收益率和中国股票市场收益率的均值、极值、标准差、偏度和峰度情况，具体数值表明各行业股票偏度值均小于 0，为左偏，而各个国家的经济政策不确定性的偏度大于零，为右偏。另外，数据显示峰度值大于 3，为尖峰后尾。其次 J－B 检验的检验结果都在 1% 的显著性水平下显著，表明所有收益率序列都不是正态分布，ADF 单位根检验中可以看出所有收益率序列也都无单位根，即序列平稳，均可用于接下来的风险溢出模型，即 TVP－VAR－DY 模型的建立。

表 7.1　描述性统计结果

变量	Mean	Median	Maximum	Minimum	Std. Dev.	Skewness	Kurtosis	Jarque－Bera	ADF
AUSTRALIA	113.6762	99.0375	337.0439	25.6620	62.0532	1.1832	4.3709	67.3132	0.0000
BRAZIL	173.9031	154.0926	676.9550	22.2963	95.4963	1.6128	7.1513	248.7464	0.0000
CANADA	209.2629	191.9642	678.8171	40.4401	117.8973	0.8544	3.7543	31.4029	0.0000
CHILE	138.0522	106.6992	454.5794	31.6008	91.0584	1.5239	4.8690	115.0435	0.0000
CHINA	166.9154	125.9051	661.8280	23.7164	119.3481	1.4226	4.9076	105.6035	0.0000
COLOMBIA	114.0354	107.8865	376.8449	41.0739	48.5899	1.7256	8.8416	414.3201	0.0000

续表

变量	Mean	Median	Maximum	Minimum	Std. Dev.	Skewness	Kurtosis	Jarque - Bera	ADF
FRANCE	223.4500	222.9835	574.6331	45.5282	99.1720	0.4925	3.3188	9.6471	0.0000
GERMANY	195.4519	156.1637	844.8547	28.4340	148.0755	2.3262	8.9021	508.3186	0.0000
GREECE	94.9518	90.8025	188.7045	32.9801	29.7452	0.6009	3.2550	13.5862	0.0000
INDIA	93.3517	81.3130	283.6891	23.3528	48.9661	1.3223	4.9756	98.0764	0.0000
IRELAND	155.7571	147.5601	442.4086	22.9659	78.1367	0.7875	3.8424	28.7107	0.0000
ITALY	114.0460	108.4434	279.3891	31.7015	42.2652	0.7621	3.9104	28.3688	0.0000
JAPAN	109.3343	107.3091	237.6794	47.5992	33.1201	1.0420	4.8041	68.3786	0.0000
KOREA	152.8419	136.6754	538.1768	37.3066	74.8175	1.3805	6.1239	156.4363	0.0000
NETHERLANDS	96.8660	91.5419	233.7311	27.2134	40.2182	1.0383	4.1265	50.2284	0.0000
SINGAPORE	159.3091	137.2051	414.9883	50.5002	81.1339	0.8265	2.8910	24.7000	0.0000
SPAIN	124.2727	123.9294	261.6097	54.1615	37.5421	0.8562	4.4295	44.7833	0.0000
STOCK_ PRICE	3180.9080	3220.6900	5688.5400	855.9500	1116.8940	-0.1469	2.6477	1.8946	0.0000
STOCK_ RETURN	0.0063	0.0082	0.2463	-0.2991	0.0825	-0.4313	4.7260	33.5079	0.0000
UK	249.4249	211.1115	1141.7960	30.4688	155.1248	1.5673	8.0928	321.8595	0.0000
US	144.6589	130.1891	503.9633	44.7828	69.9856	1.7654	8.0280	339.7218	0.0000
RUSSIA	201.6220	159.9606	793.6345	25.9875	137.9179	1.5616	6.0808	173.2166	0.0000

二、实证分析

（一）静态溢出分析

本章基于广义误差方差分解（GFEVD）的溢出指数方法考察20个国家经济政策不确定性与中国的股票市场的溢出效应。在进行具体建模之前，采取AIC准则确定滞后阶数为1阶，预测误差方差分解的期数为12期，表7.2分别为收益率序列的静态溢出情况。具体地，表7.2左上方的20×20阶方阵被称为预测误差方差分解矩阵，其中矩阵对角线的元素代表不同国家的经济政策不确定性或股票市场自身所承担的风险比例，可以观察到，对角线元素数值最大，说明每个变量对自己本身的溢出最大。

表 7.2 经济政策不确定性与股票市场的静态溢出情况

	stock	Australia	Brazil	Canada	Chile	Colombia	France	Germany	Greece	India	Ireland	Italy	Japan	Korea	Netherlands	Russia	Spain	Singapore	UK	US	China	FROM
stock	56.80	3.40	1.60	1.30	2.20	1.20	2.70	2.40	4.60	2.50	0.90	1.20	3.40	2.10	0.90	2.00	1.50	2.70	2.50	1.70	2.20	43.20
Australia	0.60	16.70	0.90	4.90	3.10	2.30	5.40	4.60	2.80	6.20	2.50	4.00	10.30	5.50	3.30	1.80	5.50	6.90	4.40	6.70	1.80	83.30
Brazil	0.10	2.10	24.30	6.00	6.10	7.80	6.70	4.30	0.90	0.60	2.90	1.00	2.70	5.60	0.80	4.20	2.30	7.30	5.30	4.90	4.00	75.70
Canada	0.10	4.00	1.90	12.60	4.70	5.80	5.90	6.20	0.10	0.70	3.70	2.90	3.20	5.40	1.00	5.10	5.40	10.90	5.60	8.40	6.40	87.40
Chile	0.00	2.30	2.40	7.20	18.10	5.20	4.70	9.00	0.60	0.30	5.80	1.40	1.50	4.10	0.50	7.70	5.20	9.40	2.80	5.00	6.80	81.90
Colombia	0.10	3.00	3.40	7.60	6.80	14.60	4.70	5.80	0.20	0.50	3.60	1.80	3.50	5.80	1.00	4.80	4.70	9.90	4.20	8.30	5.60	85.40
France	0.20	3.90	3.10	7.60	4.00	3.90	13.00	6.30	1.00	1.20	3.40	4.20	3.80	6.50	1.40	3.60	4.80	9.20	8.10	6.40	4.10	87.00
Germany	0.20	3.90	1.70	6.80	8.80	4.10	6.50	14.30	0.20	0.30	4.80	2.20	2.80	6.30	0.70	4.80	4.70	10.60	4.20	6.40	5.60	85.70
Greece	0.70	5.90	1.50	2.50	2.90	1.60	5.40	2.50	36.10	5.90	1.70	4.40	6.80	2.50	2.70	2.10	2.80	2.60	3.90	2.10	3.30	63.90
India	0.90	12.50	1.40	2.30	1.70	1.80	3.50	1.60	5.50	24.10	1.10	5.70	10.00	3.80	6.10	1.40	5.70	2.80	2.70	3.70	1.80	75.90
Ireland	1.10	3.20	2.30	7.00	5.90	3.90	6.30	6.80	0.60	0.50	15.30	2.20	2.60	5.20	0.70	4.50	4.30	9.80	5.60	6.20	6.70	84.70
Italy	0.30	5.80	1.50	6.90	2.10	2.90	6.60	4.00	1.70	3.40	2.20	17.50	5.60	3.60	5.70	3.20	5.60	6.70	5.00	6.80	2.80	82.50
Japan	0.90	11.20	1.40	4.40	2.10	3.70	5.10	3.40	2.70	5.30	2.10	3.60	16.90	7.00	3.10	1.70	4.20	7.50	4.30	6.90	2.50	83.10
Korea	0.20	5.00	1.20	7.20	4.50	5.20	6.00	7.10	0.30	1.10	3.80	2.70	4.50	14.10	1.00	3.20	3.80	11.10	5.60	7.20	5.10	85.90
Netherlands	0.40	10.30	1.20	5.20	1.50	2.40	3.60	2.50	2.90	7.40	1.50	6.10	8.40	4.20	20.90	1.40	4.10	4.40	2.10	7.40	1.90	79.10
Russia	0.00	1.60	2.20	8.40	9.60	5.20	4.00	7.90	0.50	0.20	5.10	2.10	1.10	3.90	0.50	16.50	5.40	9.80	2.80	5.70	7.50	83.50
Spain	0.30	4.90	1.40	6.90	4.70	3.80	6.80	4.90	1.30	3.60	2.80	5.00	4.20	3.60	3.10	4.60	15.90	7.50	4.50	6.70	3.40	84.10
Singapore	0.20	4.00	1.90	8.40	5.60	5.30	5.90	7.40	0.10	0.50	4.20	2.50	3.60	7.00	0.70	4.60	4.70	12.50	5.60	7.50	7.80	87.50
UK	0.10	4.40	3.00	7.60	3.30	4.40	8.50	5.50	0.80	0.50	3.70	2.70	4.30	6.30	0.50	3.30	3.60	10.10	17.10	5.60	4.80	82.90
US	0.20	5.80	1.80	8.40	4.20	6.00	5.80	5.80	0.30	1.20	3.50	2.90	4.80	6.30	1.80	3.50	5.40	10.50	4.60	12.40	4.90	87.60
China	0.10	2.20	1.80	8.90	5.90	5.50	4.70	7.10	0.30	0.10	4.70	1.90	2.00	5.60	0.30	5.70	4.10	13.80	4.60	6.60	14.20	85.80
TO	5.70	99.50	37.80	125.60	89.70	82.10	108.80	105.20	27.40	42.00	64.00	60.40	89.10	100.40	36.10	73.30	87.80	163.10	88.30	120.60	89.00	1696.00
NET	-37.50	16.50	-37.90	38.20	7.80	-3.30	21.90	19.60	-36.50	-33.90	-20.80	-22.10	5.90	14.50	-43.00	-10.20	3.70	75.60	5.40	33.00	3.20	TCI
NPDC	20.00	10.00	15.00	1.00	7.00	10.00	4.00	4.00	18.00	17.00	14.00	15.00	13.00	6.00	19.00	11.00	6.00	0.00	10.00	2.00	8.00	80.80

由表 7.2 可知，整个系统中的总风险溢出值高达 80.8%，说明存在较明显的风险溢出效应，也说明系统中股票市场与经济政策不确定性之间存在较高的风险溢出效应，经济政策与股票市场的相互影响较显著，研究它们之间的溢出效应具有一定意义。本章还关注了股票市场与经济政策不确定性之间溢出的 FROM 值、TO 值，以及 NET 值。

观察表 7.2 倒数第二行可知，首先，股票市场的净溢出指数为负值，即 -37.5，这表明股票市场的收益率受到了经济政策不确定性的冲击，是明显的净接收方。除此之外，不同国家之间的经济政策不确定性也存在相互溢出效应，如一些国家的净溢出指数为正值（净发起者），这说明这些国家的经济政策不确定性占据领导地位，会对其他国家的经济政策造成一定的溢出效应，也会对股票市场的收益情况产生冲击，这些国家分别为澳大利亚、加拿大、法国、德国、日本、韩国、新加坡、美国，均为发达国家。重要的是，美国、加拿大和新加坡的净溢出指数分别为 38.2、33.0 和 75.6，说明发达国家的经济政策不确定性指数对于股票市场收益率的冲击更显著，这三个国家尤其具有板块聚集效应。另外，净溢出指数为负值（净接收方）的国家，分别为巴西、哥伦比亚、希腊、印度、新西兰、意大利、荷兰、俄罗斯，其中大部分为发展中国家。这说明发达国家的经济政策不确定指数对股票市场的冲击较显著，而发展中国家更多的是净接收者。

在国际经济政策不确定指数中，美国作为世界第一大经济体，其经济不确定性指数也非常具有参考价值。为了调查不同国家的经济政策不确定性对中国股票市场的冲击影响，本章选用 20 个不同国家的经济政策不确定性作为研究目标。

（二）动态分析

1. 经济政策不确定性与中国股票市场的总溢出效应

由于表 7.2 的静态溢出分析只能表示各变量在样本期间内的平均水平，不能观察出不同国家的经济政策不确定性对股票市场的时变特征，在特殊事件的影响下市场波动情况有可能产生较大波动，因此进一步分析经济政策不确定性对中国股票市场之间的动态溢出指数，如图 7.2 所示。

首先，在整个样本期间，中国股票行业受到经济政策不确定性的总溢出指数波动随时间的变化而变化，在 2018 年金融危机时期，总溢出指数达到最高，约为 90%。另外，随着国际形势逐渐好转，总溢出指数逐渐下降，直到 2020 年新冠疫情恢复至 70%之后开始迅速上升，不同的经济政策以及不同国家的经济政策，在危机时刻对中国股票市场的冲击影响是显著的。具体表现为：第一，央行在金融危机时期通过货币政策来调整市场，随着资本市场和货币市场在利率方面的影响加剧，金融资产的价格通常会受到利率波动的影响，为各国有效控制股票市场提供途径；第二，政府还可以通过财政政策实现经济稳定增长、促进就业、避免通货膨胀、缓解经济波动等。财政政策主要由政府支出和政府收入构成。可以通过税收、国债和购买支出间接地对股票市场产生影响；第三，其他一些经济政策会形成对股票市场的冲击，如中长期连续政策和短期离散政策。

中国的股票市场受到经济事件影响的溢出效应是不同的。政府和央行的一系列调控政策，通常会对股票市场产生显著的影响，说明了我国股票市场会受到经济政策不确定的一定程度的冲击。进一步，我们可以根据总溢出指数图分为三个周期，分别为 2015—2016 年、2018—2020 年和 2021—2023 年。

第一，2015 年 6 月，由于场外配资清理以及分级基金去杠杆的行为造成连锁反应，形成巨大的股票及金融市场动荡，从图 7.3 可以看出，这一年总溢出指数一直呈现上升的状态，直至熊市结束。2015 年 8 月全球股市出现暴跌，相关股票指数出现下降，行业总溢出指数开始上升。随后 2016 年证监会发布熔断机制和英国脱欧事件使行业收益率之间的总溢出指数保持在较高水平。2016 年 8 月，中央经济会议提出五大任务“去产能、去库存、去杠杆、降成本、去短板”，对行业之间承担风险行为进行了有效改善。第二个周期开始于 2018 年初，随着全球股市的暴跌，总溢出指数从 2018 年末的低水平达到 2019 年较高水平，大约为 80%，随后虽然出现了下降，但收益率的总溢出能力依旧保持在一个新的较高水平。2021 年开始，随着疫情的控制，总溢出指数开始呈现下降趋势，在 2022 年末保持在 75%左右。

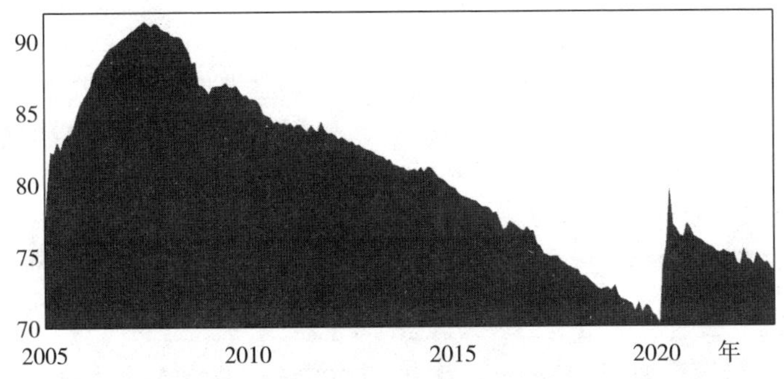

图 7.3　经济政策不确定性与中国股票市场收益率的总溢出

2. 经济政策不确定性与中国股票市场的方向性溢出效应

由图 7.4 和图 7.5 可知，经济政策不确定性与中国股票市场方向性溢出效应表现出相当明显的时变特征，各个国家的 EPU 在相同时点的极端事件下产生了较大程度的波动，如 2008 年金融危机和 2020 年新冠疫情期间，方向性溢出效应增大。这同上述静态分析的结果相一致，从图 7.4 可以明显观察到，法国、日本、英国、美国、新加坡、德国、加拿大均有显著的方向性溢出效应，静态分析中已经表明这些发达国家为正向（净发送方）的溢出。这表明中国股票市场受到这些国家的经济政策具有显著的冲击溢出效应，溢出程度排名前三位的国家分别为美国、加拿大和新加坡，净溢出指数分别为 38.2、33.0 和 75.6，说明发达国家的经济政策不确定性指数对于股票市场收益率的冲击更显著。

此外，2020 年新冠疫情期间，所有国家的经济政策不确定性都会产生一定的波动影响，表明该系统中的方向性溢出具有时变效应。另外，股票各行业收益率的方向性溢出程度较低的国家（TO others），分别为巴西、哥伦比亚、希腊、印度、新西兰、意大利、荷兰、俄罗斯，其中大部分为发展中国家。这证实了发达国家的经济政策不确定指数对股票市场的冲击较显著，而发展中国家更多的是净接收者。图 7.5 股票各行业收益率的方向性溢入（FROM others）中和图 7.4（TO others）的结果相一致。

应该关注发达国家的经济政策的走势，了解不同国家的经济政策对中国股票市场的冲击的异质性可以帮助投资者根据系统性风险调整其投资组合。

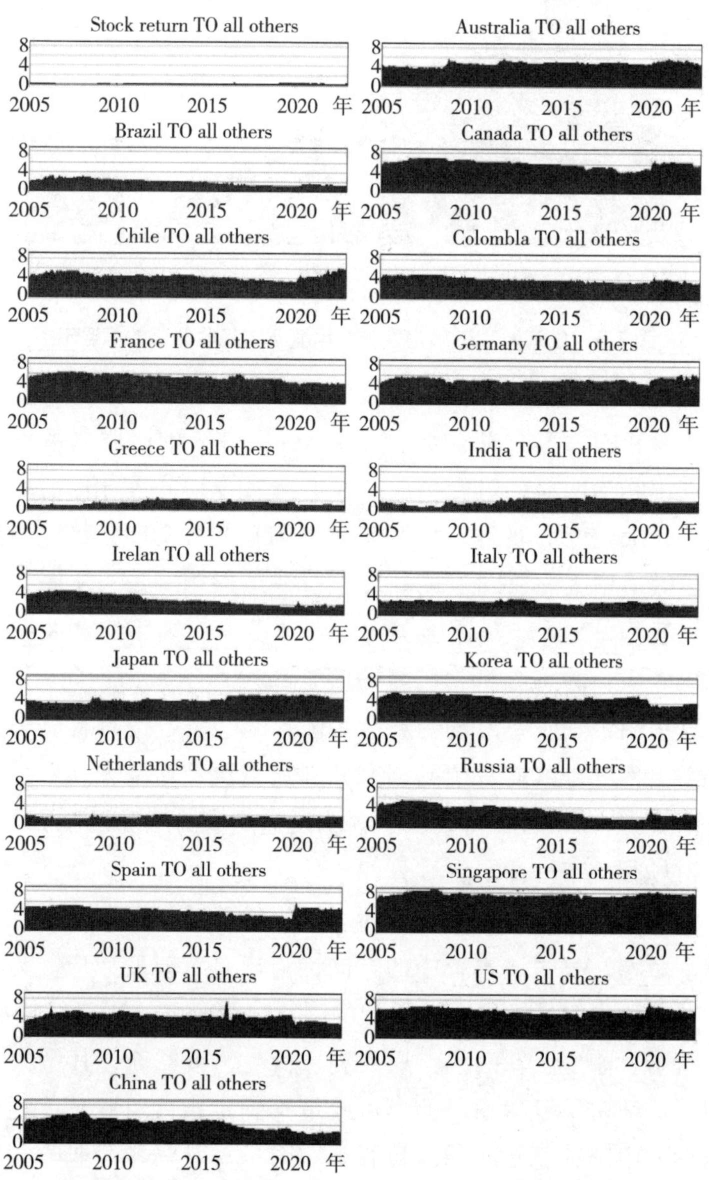

图 7.4　经济政策不确定性与中国股票市场收益率的方向性溢出（TO others）

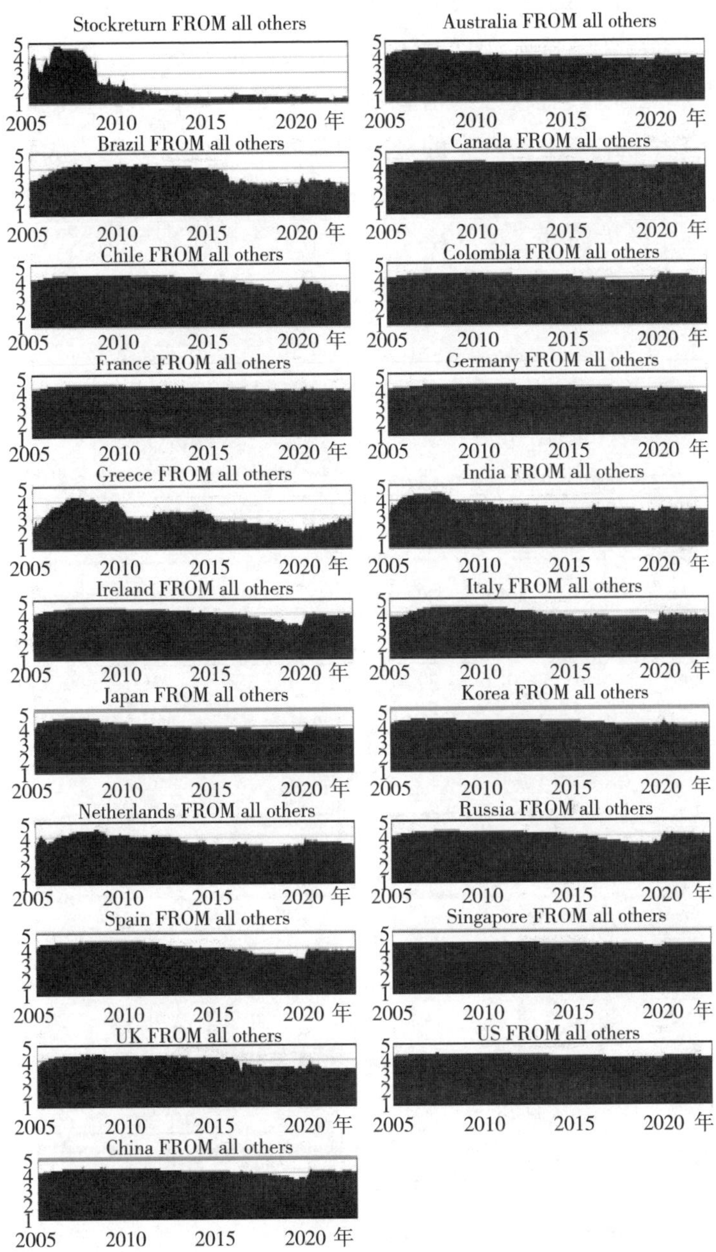

图 7.5　经济政策不确定性与中国股票市场收益率的方向性溢入（FROM others）

由图 7.6 的股票各行业收益率的方向性溢出（NET）结果分析可知，新加坡的经济政策不确定性具有较大的信息输出，是市场中的信息发起者，希腊、印度和巴西具有较大的信息输入，是市场中的信息接收者。对于该结论，投资者可以将不同国家的经济政策不确定性指数作为股票市场收益率变动时进行投资组合管理的参考指标。特别需要指出的是，西班牙的经济政策不确定性方向性溢出（NET）在 2020 年后由负变为正，这表明西班牙先为信息接收者，后转变为信息发起者。

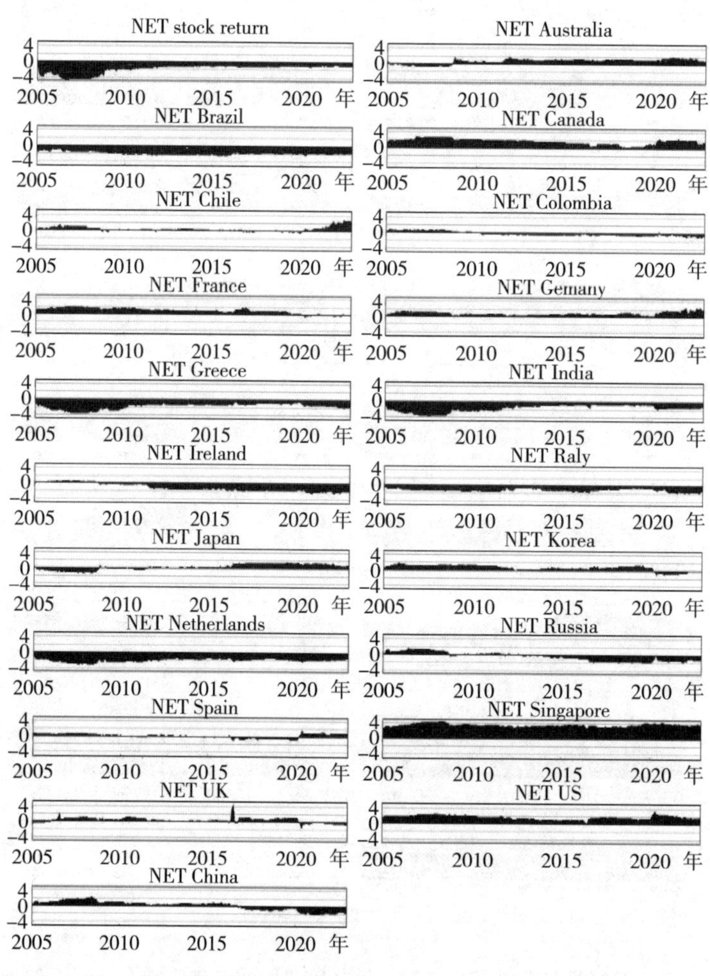

图 7.6　经济政策不确定性与中国股票市场收益率的方向性溢出（NET）

通过分析各个国家的经济政策不确定性对股票市场的影响，可以时刻关注中国股票市场受到的冲击情况，投资者可以参考它们的波动情况作为风险预警标志，当美国、新加坡等发达国家的经济政策不确定性发生较大变动时，其他国家的股票市场也会出现类似的波动情况，尤其是对风险溢出最为敏感的发展中国家，从而作出相应的投资策略，降低风险冲击带来的损失。

（三）研究结论

本章采用 TVP－VAR－DY 模型研究了 2005 年 1 月至 2022 年 12 月经济政策不确定性对中国股票市场的冲击影响，并分析了各个国家的经济政策不确定性和中国股票市场的收益率之间的溢出效应的时变特征。实证表明，第一，经济政策不确定性对中国股票市场之间具有显著的跨行业溢出效应。同时，经济政策不确定性对中国股票市场之间的冲击与国内的经济形势和金融市场环境紧密相关，具有明显的时变特征。第二，从静态溢出效应来看，净溢入指数排名前三位的为新加坡、美国和法国（发达国家），净溢出指数排名前三位的巴西、印度和希腊（发展中国家），这表明中国股票市场受到的冲击国家显现出一定的板块聚集效应。第三，从动态溢出效应来看，2008 年金融危机时期，总溢出指数最高，约为 90%。另外，随着国际形势逐渐好转，总溢出指数逐渐下降，2020 年新冠疫情暴发时恢复到 70%，之后开始迅速上升，显然，不同的经济政策以及不同国家的经济政策在危机时刻对中国股票市场的冲击影响是显著的。

根据本章的研究结论，针对股市投资者，提出以下几点建议。首先，投资者应该认识到经济政策不确定性对中国股票市场的冲击，并通过各个国家的 EPU 指数实时观测中国股票市场收益率的动态变化，以实现利益最大化。其次，投资者需要注意关键经济和金融重大事件的影响，以及其与宏观经济和金融市场的关联性。最后，在市场波动较大的时期，投资者应该保持冷静，不要盲目跟风，避免因为情绪而作出错误决策。

第八章　以股票市场高质量发展助力中国式现代化

党的二十大报告指出，以中国式现代化推进中华民族伟大复兴。这一战略方针是党中央根据新时代的要求，结合我国发展阶段、内外部环境等综合因素而制定的。股票市场发挥着为实体经济输送资金的重要作用，股票市场的高质量发展是实现中国式现代化的必然需求。金融机构应当深刻理解中国式现代化的核心要点，积极践行新发展理念，构建新发展格局，以推动高质量发展。尤其需要将关注点集中在服务实体经济、促进实体经济发展上，为全面建设社会主义现代化国家、推动中华民族伟大复兴事业作出积极贡献。

第一节　新时代股票市场发展为推进中国式现代化提供重要支撑

中国 14 亿多人口正在整体迈向现代化社会，这一规模超过了现有发达国家人口的总和，这也带来了前所未有的复杂性和挑战性。为确保 14 亿多人口就业机会充足并不断提高居民收入水平，我国需要稳定的宏观经济环境、强大而健康的实体经济以及不断创新的能力，股票市场在这一进程中扮演着重要角色。

第一，股票市场在确保宏观经济稳定方面具有至关重要的作用。宏观经济的稳定是高质量发展的基础，同时也是经济社会进展的先决条件。党的二十大报告明确指出“深化金融体制改革，建设现代中央银行体系，加强和完善现代金融监管，强化金融稳定保障体系，依法将各类金融活动全部纳入监管，守住不发生系统性风险底线”。在这一背景下，建设现代化股票市场被视为全面推进社会主义现代化的必要措施。为实现这一目标，需要不断提升股票市场的专业性，完善监管工具，强化宏观审慎监管。随着金融科技的蓬勃发展，新型金融形态层出不穷，伴随而来的风险也更加多样化，因此，必须进一步完善监管法规，以确保各类金融活动依法受到监管，并提高市场的稳定性。同时，建立和维护股票市场稳定的长效机制成为宏观经济平稳运行的重要保障。此外，金融稳定保障基金、地方金融风险防范化解机制以及资本市场风险预防和预警系统的进一步完善将有助于完善我国股票市场的稳定保障机制，从而确保宏观经济的平稳运行。

第二，股票市场必须全面致力于服务实体经济。实体经济是国家经济发展的根本基础和竞争力核心，党的二十大报告明确提出“坚持把发展经济的着力点放在实体经济上”，股票市场必须紧密围绕实体经济的发展需求，提供更多元化的金融服务，以满足各类企业不同层次的融资需求。金融科技可以得到充分应用，以尽快建立起基于企业信息的融资决策和风险评估运营模式。大型科技平台及其生态系统通过连接上亿用户，积累客户的数字足迹，实时监测客户并进行客户信用风险评估，同时还能设计相应的激励机制来提高管理水平，从而形成更为科学和有效的风险管理机制。构建以产业链整体为目标的系统融资体系，基于产业链的整体运行效益和风险来作出融资决策，实现资金链和产业链的深度融合。这不仅能够强力推动产业链的发展并提升其韧性，还能够确保资金的有效运用和安全性。与此同时，还需要探索建立企业社会平均利润率与金融利润率之间的联动机制，以合理调节高额金融利润率，降低资金在金融体系内部循环的刺激。构建能够有效支持实体经济的金融制度，以确保金融服务紧密围绕实体经济需求展开。这些措施将有助于促进实体经济的持续增长和发展，为国家经济繁荣作出贡献。

第三，股票市场必须有效促进创新。中国超过 14 亿的人口整体走向现代化社会，这是前所未有的伟大挑战。这一进程要求我国必须在政治、经济、社会、文化、生态等多个领域展开创新，以满足构建现代化社会的要求。随着全面现代化建设不断推进，我国必须更加积极地进行原创新探索。科技创新活动具有较高的不确定性，伴随试错和失败风险，因此需要建立完善的股票市场体系来支持。如可以通过构建多层次股票市场来为不同类型或发展阶段的科技创新和创业活动提供必要的融资支持。资本市场应当紧密围绕现代化经济的产业体系、市场体系、区域发展体系以及绿色发展体系等方面提供精准服务，以建立多层次的支持服务体系，调动更多资源集中于国家战略产业、科技产业和新兴产业，以实现资本市场推动实体经济和企业创新发展的功能。这些举措将有助于促进创新，满足现代化发展的需求，推动国家的经济发展繁荣。

第二节　完善股票市场机构功能，孕育多空平衡市场机制

矛盾论是马克思主义思想的基本理论之一，在股票市场中也具有重要应用价值。多方和空方的对立构成了股票市场的主要矛盾，它们是相互依存、相互转化的。任何一笔股票交易都是由买方和卖方组成的，他们在市场上代表了多方和空方，然而，不能简单地认为要促进股票市场发展就必须支持多方而限制空方，这种观点显然与马克思主义哲学的基本原理相悖。

早在 20 世纪 90 年代中国股票市场建立初始就出现了非正式的融资买空交易，例如，证券公司允许客户透支交易等。尽管早期的融资交易在法律上并未被明文承认，但由于市场的实际需求，融资交易一直存在。随着改革开放不断推进，中国证券市场迅速发展，单边的融资交易已经不能满足市场参与者的需求，投资者对融资融券交易制度的需求日益迫切。自 2005 年开始，中国积极筹备融资融券交易制度，经过多年的努力，于 2010 年 3 月正式启动融资融券交易制度，中国 A 股市场正式进入了“双边市”时代。

然而，尽管我国已经建立了融资融券制度，但我国股票市场的做空机制仍受到较多限制，如融资融券业务和股指期货的门槛限制，融券操作的难度较大，以及股指期货合约价值较高，不太适合中小投资者等。尤其是 2015 年股票市场大幅下跌以后，融资融券和股指期货交易都受到了更为严格的限制，如融资融券的杠杆率被限制为 1 倍，股指期货保证金要求大幅提高至 40%，杠杆交易的功能基本丧失。同时，单一账户持仓也受到了限制，日内交易手续费大幅上升，这使做空行为事实上变得更加困难，几乎没有可操作的空间。相关部门可能需要重新考虑如何平衡多方和空方的利益，以促进市场稳健发展。

股票市场的卖空交易和股指期货等衍生品市场的争议存在已久，即便在资本市场发展最为成熟的美国，类似的讨论也屡次出现。例如，在1929年至1933年的“大萧条”期间，美国就曾对是否应该限制卖空交易提出过质疑。当时，有媒体报道称，一些投机者为了打压市场，采取了大规模的卖空交易，这导致交易所要求交易商每日提交卖空交易报告。然而，时任纽约证券交易所总裁的理查德·惠特尼却持不同看法，他认为每位卖空交易者实际上都是潜在的股票交易者，因为在股票价格突然下跌时，卖空交易者为了偿还自己的债务会购买股票，这对恢复市场稳定性有积极作用。再如，美国1987年股市崩溃中，也曾对股指期货提出质疑，认为它是市场崩溃的根源。布雷迪领导的总统调查委员会对股灾原因进行深入调查后，指出股市的崩溃主要是由股票指数期货和股票现货市场之间的相互作用引发的，特别是指数套利和组合保险等交易活动，建议采取严格的监管措施，包括引入“一致保证金”和“断路器”等措施，并提议将监管职责移交给联邦政府。然而，这一提议遭到了广泛的批评，包括当时的美联储主席格林斯潘在内的多方人士都反对将监管权交给联邦政府。格林斯潘强调，金融衍生品市场降低了成本，提高了规避风险的能力，使金融体系更加灵活高效，增强了经济抵御冲击的能力。因此，美国最终没有对股指期货等实施实质性的限制。

除此之外，20世纪90年代以来，智利、瑞士、德国、西班牙、意大利、韩国、中国台湾等地区也相继推出了股指期货，而且没有因美国1987年股灾而限制或中止股指期货市场的发展。事实上，在金融危机中，股指期货市场都没有出现过重大系统性风险，反而在一定程度上发挥了积极作用。股指期货和其他卖空工具如今已成为国际通行的交易手段。国际证监会组织（IOSCO）甚至表示，卖空交易可以为证券市场提供有效的价格发现机制、减少市场泡沫、增加市场流动性，并有助于投资者进行风险管理等。

衍生品市场，包括股指期货和期权，可分为场内交易和场外交易两个层次。根据历史经验，场内交易的衍生品并未引发系统性风险，它们被视为有效的风险管理工具。以美国次贷危机为例，该危机的主要原因之一是场外市场多级衍生品的泛滥，这些衍生品在美联储提高基准利率的情况下引发了债务危机。而受到美国证券监管委员会直接监管的场内衍生品并未出现危机，反而在危机时提供了市场急需的流动性和风险管理工具，为市场稳定和健康运行作出了积极贡献。从我国股市来看，2016 年 6 月股票市场大幅下跌的起因主要与监管机构对场外配资活动的强制清查直接相关，而与场内的融资融券和股指期货交易本身没有明显相关性。由此，将 2015 年下半年股票市场的显著下滑归咎于卖空机制，并实施一系列限制性政策的做法不仅违背了资本市场多空平衡的核心理念，还可能对我国证券市场的未来发展产生不利影响。我国股票市场存在着股价波动较大和市场投机氛围浓厚等问题，而交易机制不完善以及对卖空机制的限制是导致这些问题的重要原因之一。因此，完善卖空机制对中国股票市场的发展具有重要的战略意义。

第一，完善卖空机制对优化中国股票市场内部制度具有显著意义。中国股票市场成立的初衷包括为国有企业融资等政治目标，这导致其对卖空机制天然排斥。然而，长期以来，抑制卖空机制的传统观念导致中国股票市场长期处于单边市的结构性缺陷下，进而使市场供需出现失衡，投资者行为异化，市场投机氛围浓厚，股价出现不合理的剧烈波动。这种内在均衡机制的缺失、剧烈的市场波动和较高的系统性风险损害了证券市场参与者的合法权益，对市场稳定和健康发展产生了负面影响。因此，为破解这一恶性循环，回归市场的真实价值，必须确保市场供需机制平衡，从根本上消除供需不平衡引发的混乱局面。只有这样，才能促进中国股票市场转变为真正的投资市场。健全的卖空机制在此情景下将发挥自动纠偏的作用，当股价出现不合理暴涨或暴跌时，将有相反的力量介入，使股价波动幅度相对较小，有利于股票价格更好地围绕真实价值波动，提高市场的投资价值，进一步体现证券市场作为长期投资场所的功能。

第二，卖空机制的健全有助于中国股票市场跟上国际资本市场的步伐。当前，全球的投资基金普遍采用对冲交易策略，即双向交易，其核心思想在于运用各种风险管理工具，将每次投资的风险限制在可接受的范围内。一方面，确保在正确判断市场趋势时，可以安全地获取利润；另一方面，在错误判断市场趋势时，这些工具也能控制损失。因此，对于大型投资基金而言，一个市场是否具备足够多的风险管理工具，这些工具是否运行顺畅，以及市场的容量是否足够大等，都是决定其是否进入该市场的重要标准。世界主要成熟市场中衍生品发展迅速的一个主要原因是，这些市场提供了充分的双向交易机会。正如矛盾的两个方面相互依存一样，“多头”和“空头”是相辅相成的两个方面，若没有可以开展卖空操作的工具，就不会有持续的“多头”操作。因此，当前我国股票市场对卖空的限制政策走向与国际成熟市场的发展趋势相悖。这不仅不利于人民币国际化后资本市场的开放，也不利于我国基金行业的发展。因此，逐步放宽限制卖空的政策导向，充分利用目前的有利条件，尽早解除各种限制，使我国投资者能够快速适应成熟市场的交易环境和规则。

第三节　加强股票市场监管，严格执行股票退市制度

我国股票市场一直存在显著的“退市难”问题，主要原因如下。第一，长期以来，地方政府对于“发展资本市场”的理解较为狭隘，其主要关注地区上市公司数量的增长，对于资本市场的发展仍然停留在数量层面，而忽略了上市公司对当地实体经济的贡献。由于地方政府的经济利益与本地上市公司密切相关，地方政府常常会提供行政资源来支持本地上市公司。在这种情况下，企业不论是自愿退出市场，还是由于不符合交易所上市标准而被强制退市，都与地方政府的利益相抵触，企业面临着外部退市压力。第二，监管层对股票市场的“入场门槛”进行了严格的行政干预，严格的发行阶段核准制度导致了“壳”资源的稀缺性，无论上市公司自身的业绩如何，拥有上市公司的“壳”资源就足以成为一项重要的资产，这使得上市公司不愿意主动退市。即使公司不再满足上市条件，它们通常也会通过特殊处理（Special Treatment，ST）制度逃避退市，或者通过“借壳重组”等方式继续存在。同时，我国也缺乏上市公司退市后“转板”的机制，使得原本应该退出市场的上市公司缺乏退出的动力。第三，不同证券交易所之间的退市标准存在同质化问题，通常以盈利为导向。这导致了交易所之间的竞争不足，各交易所也没有充足动力来制定符合其自身情况的退市标准，自律监管在退市机制方面的优势难以充分发挥。总之，目前退市规则执行不严格，导致了一系列问题。例如由于竞争机制的不完善，上市公司

之间的公司治理差异无法有效体现，众多股票呈现同质化趋势，这使处于信息劣势的投资者难以秉持价值投资理念进行长期投资，而更趋向于短期投机交易。再如，对于进入退市程序的股票，投资者普遍认为这些股票在经历30日的退市整理期后，仍然有机会通过重组等方式重新进入市场，这使一些投资者在退市整理期内盲目购买这些股票，最终遭受损失。因此应完善退市制度，认真解决这些问题，以促进我国股票市场的健康发展。

一个成熟的资本市场应该将退市制度与发行制度统筹考虑，以形成一个有机的整体制度体系。特别是在我国启动注册制改革的背景下，为了维护中小投资者的权益，需要考虑注册制所蕴含的“宽进严出”监管逻辑。这意味着在证监会不再对拟上市企业的资格进行实质审查的前提下，应该建立严格的退市制度，以便对已上市公司进行有效的退市监管。

第一，赋予证券交易所退市权力。在退市制度改革中，关键一步是将上市公司的退市权力转交给证券交易所，监管机构如证监会不应再扮演决定上市公司是否应退市的实质性裁判角色，而应当以交易所与上市公司的契约关系为基础，通过交易所的自律监管机构，对那些不再满足上市协议中规定条件的企业进行强制退市，同时也为企业自主决定是否退市提供了空间。证券交易所在制定相关规则方面仍有不足，目前的退市规则尚未形成一个系统化体系，未能与上市规则相协调。强调证券交易所应当成为实施退市行为的权力主体，旨在赋予其制定一系列互相协调和配合的规则的权力，包括上市规则、交易规则和退市规则等，来对市场主体进行全方位的实质性监管。此外，还应赋予证券交易所相关的裁量权，即对上市公司是否符合退市相关标准进行判断，并对相关上市公司施行相应的退市程序与后续处理等。这将有助于提升市场的自律性和监管效能。

第二，完善退市规则中的相关标准。目前，关于上市公司退市的规定主要包括证监会颁布的《关于改革完善并严格实施上市公司退市制度的若干意见》（以下简称《退市意见》）以及上海证券交易所（以下简称上交所）发布的《上海证券交易所股票上市规则》和《上海证券交易所上市公司重大违法强制退市实施办法》等文件。《退市意见》列明了24种可能导致上市公司退市的情形，其中包括7种主动退市和17种强制退市的情形。而《上海证券交易所股票上市规则》涵盖了21种交易所可能决定上市公司退市的情形，并明确了6种涉及重大违法行为而退市的情形。从上述法规可以看出，当前，证券交易所在上市公司退市问题上具有一定的自主权，并且还具有一定的要求上市公司强制退市的权力。

然而，我国目前的退市标准尚不成熟。我国的强制退市标准过于侧重单一指标——利润，而忽视了市场交易性指标，如交易量、交易报价指标、主营收入、净资产等。与发达国家的成熟股票市场相比，我国的退市标准还需要进一步完善，其应该包括财务退市标准和市场化退市标准，以便与公司在股票发行和上市时所需达到的标准相匹配。具体而言，国际市场的退市标准除了公司业绩不佳、连续亏损等情况外，还包括资本减少、流动性低、股东持股比例下降、资产负债情况不良、并购重组、破产清算、不符合持续上市要求等多种情形。例如，在纳斯达克市场，退市标准更强调以投资者利益为出发点，认为那些边缘化、不再需要在市场上交易的股票也应退市。因此，我国在退市标准改革中，一方面应在《证券法》中明确多样化的退市标准，以补充目前的原则性规定；另一方面，各交易所应根据自身市场特点，自主制定更具市场特色、更具体化且更易执行的退市标准。

第三，严格执行退市标准。当前我国股票市场的问题不仅在于单一的退市标准，更为关键的是退市规则执行力度不足。在外部压力如行政干预的影响下，退市规则的执行存在一定难度，导致很多原本应该退市的企业依然在市场上存在，甚至出现了众多“僵尸公司”，退市制度成为纸上制度，而非实际操作中的有效规则。在我国股票市场存在较多“垃圾股”的情况下，退市制度必须由“严进宽出”向“宽进严出”转变，即必须强化对退市规则的严格执行。第一，确保退市规则具备可操作性，同时赋予退市规则刚性，即一旦上市公司达到相应的退市标准，退市程序将自动启动，以确保执行的严密性。第二，对于那些通过“假重组”、财务造假等手段规避退市的企业，应加强对其恢复上市申请的严格审查，以防止其滥用重组手段逃避退市。第三，针对涉及重大违法违规行为的退市，应加快退市进程，无须等待公安机关介入，只要经过行政处罚或法院裁决确认存在重大违法违规行为，即可迅速启动退市程序。第四，为确保退市标准得到切实执行，需要建立相应的责任制度。当前我国退市制度的执行力度较低，部分原因在于证券交易所执行退市时的权责较为模糊。在退市制度改革中，除了赋予交易所制订和执行退市规则的权力之外，还需要建立相关的责任追究机制。如果出现了企业符合退市标准但未被退市的情况，交易所及相关人员也应承担相应的责任。

第四，完善退市程序。美国《1934 年证券交易法》授予了美国证券交易委员会（SEC）取消或否决证券登记注册的权力，证券交易所则有权自主决定哪些公司应该被强制退市。以纽约证券交易所为例，其上市规则明确规定，当该交易所认为某只股票不再符合继续挂牌的标准时，它会通知上市公司并发布市场公告。在经过审查委员会的审查并确定某只股票应当退市后，纽约证券交易所可以暂停该股票的交易，并向 SEC 提交 FORM25 以实施退市。这一流程清晰地体现了政府证券监管机构和证券交易所在退市决策方面的权力分工：政府证券监管机构拥有取消证券登记注册的权力，而决定哪些股票应该被强制退市的权力由证券交易所行使。我国进行退市程序改革时，可以借鉴美国的经验。当证券交易所认为某只股票不再符合继续挂牌的标准时，应通知上市公司并向市场公告。交易所通过独立的审查委员会来确保退市决策的公平性。在经过审查委员会审查并确定某只股票应当退市后，交易所可以暂停该股票的交易，并向中国证监会递交备案材料。

在完善退市程序时，还需要关注投资者保护相关问题。例如，在主动退市的退市方案决议中，《退市意见》规定了退市方案必须经过出席会议的股东所持表决权的 2/3 以上通过，并且需要出席会议的中小投资者所持表决权的 2/3 以上通过。尽管这种“双三分之二”的规则看似可以对中小投资者提供有效保护，但其仍然低于全球主要资本市场 3/4 的标准，而且中小投资者在此方面缺乏相关的否决权。在退市制度中，对中小投资者的议价权保护制度尚未得到充分设置，这可能导致中小投资者的股份被强制回购，或将面临接受补偿或股票流动性急剧下降的问题。因此，可以通过法律法规建立相应的公平价格评估程序，以保护持有股票的中小投资者。证券交易所可以要求拟主动退市的公司进行充分的信息披露，以避免其通过主动退市损害中小投资者的权益。

第五，完善相关配套制度。“退市难”问题在我国主板市场中存在的原因还在于多层次资本市场的不够成熟以及完善转板制度的缺乏。这导致企业在退出主板市场后，只能选择成为“非上市公司”，除非他们再次上市，否则就无法再回到主板市场。这种情况迫使企业不愿意放弃在主板市场继续融资的机会。同时，由于其他融资渠道不畅通，以及核准制度下的审核限制，一些需要融资的企业倾向于通过“买壳”来实现上市，从而使上市公司的“壳”资源变得非常有价值，上市公司更加不愿意主动退市。为了解决这个问题，需要从制度层面明确，退市并不等同于政府行政权力对上市公司股票价值的否定。退市仅仅是因为上市公司不再符合在主板市场进行交易的标准。对于不符合主板交易标准的拟退市企业，仍然可以通过转板制度进入其他符合标准的市场，继续进行交易和融资。因此，完善的退市制度应包括配套的退市转板制度，允许符合转板标准的主板退市公司进入资本市场的新交易板块，不剥夺这些企业在其他市场融资的机会。除了完善退市配套制度，还应注重加强投资者教育。我国股票市场的投资者主要是中小投资者，大多数投资者的投资行为往往不够理性。尽管完善的退市制度可以给投资者提供保护，但仍然无法防止一些抱有投机心态的投资者遭受损失。因此，需要加强对投资者，尤其是中小投资者的风险教育。这种教育不仅是单纯地指导投资者购买或不购买某种类型的股票，更重要的是向他们全面介绍与企业退市相关的股票风险，帮助投资者建立价值投资和风险自担的理念，以实现真正的投资者保护和监管目标。

第四节　统筹建设金融现代化体系，助推融入高水平对外开放新格局

新中国成立以来，中国金融业的发展历经曲折，面临过多次风险和挑战。但总体来看，中国金融业不断壮大，为国家经济社会发展提供了强大的资本支持。当前，我国股票市场规模居全球第二位，外汇储备规模持续稳居全球第一位，中国已经成为国际金融领域的重要力量。金融现代化不仅是社会主义现代化的必然要求，也是中国式现代化的核心内容。中国式现代化的基本特征塑造了中国金融现代化的基本框架，这一框架既包括与世界发达国家金融体系相似的元素，又融合了中国特点和特殊需求。

在全球范围内，发达国家的金融体系具备以下基本特征：第一，完善的金融市场体系，直接融资和间接融资协调发展，无论是以直接融资为主还是以间接融资为主，金融市场的深度和广度都相当出色。第二，金融开放程度较高，国家经济实力构成了国际货币的信用基础，这些国家的货币通常可以自由兑换，资本流动受到相对较少的限制。第三，先进的金融创新和科技应用水平，能够灵活应对不断变化的金融需求，积极运用科技成果，不断推陈出新，引领金融业发展。第四，完善的金融监管体系，强大的金融监管能力，实现全方位监管覆盖，新型金融业务也能够及时被纳入监管体系。

我国金融业的发展尚存在较大的发展空间，因此必须坚定奉行高质量发展理念，加快推动金融领域现代化进程，为实现社会主义现代化强国建设提供更有力的支撑。金融业的高质量发展是金融现代化的核心和基础，要以商业银行改革和转型作为突破口，充分利用金融科技，推动传统金融业务从以抵押物为核心向以信息经营为核心转型，拓展业务领域，实现更高水平的多元化发展，确保我国金融业的核心主体能够持续稳健经营，为高质量发展提供微观基础支持。进一步深化金融市场化改革，构建更加完善的金融市场体系，积极推动金融市场法制和基础性制度的完善，持续提高直接融资比重，为深度融合创新链、产业链、资金链和人才链提供有力支持。在风险可控的前提下，迅速推进金融开放和国际金融中心建设，稳步提升人民币的全球地位。巩固和提升我国金融机构在普惠金融、移动支付、数字人民币等领域的优势，着力提高在绿色金融、海外开发性金融、人力资本金融等领域的国际竞争力。全力提升金融科技水平，强化金融基础设施建设，推动金融业数字化转型，积极推进金融监管数字化和智能化建设，以提升金融科技水平，为金融业高质量发展提供支撑。

中国的金融现代化发展道路具有独特性，与西方国家的金融现代化不同。

第一，中国的金融现代化坚持党的全面领导。党的二十大报告明确指出，实现全面建设社会主义现代化国家和中华民族伟大复兴的关键在于党的领导。在金融现代化的全过程和各个领域，必须始终贯彻党的全面领导原则。金融监管部门需要持续深化资本理论研究，将习近平新时代中国特色社会主义思想作为金融监管的指导思想。金融监管应将政治判断力、政治领悟力和政治执行力有效转化为高效监管能力，依法将各类金融活动纳入监管范围，在促进实体经济发展的同时，实现金融业的高质量发展，全面提升对资本的监管能力和水平。金融企业在完善公司治理机制时，应充分强调党的领导作用。在党的领导下建立科学的中国特色现代企业制度，提高企业核心竞争力，使其发展成为世界一流企业和国际金融业的典范企业。

第二，中国的金融现代化以普惠为基础。通过多年的发展，尤其是在脱贫攻坚行动中，我国已经建立了相对完善的普惠金融服务网络，积累了丰富的普惠金融服务经验，大大提高了金融服务的可获得性、便捷性和公平性。未来的任务是进一步增强薄弱领域的普惠金融供给，特别是在现代化进程中的薄弱环节及时覆盖金融服务。金融机构应持续加强普惠金融服务，根据金融弱势群体的商业和信息需求特征，创新开发相应的金融产品，打造新的普惠金融商业模式。同时，还需重视构建普惠金融的风险预警和防控机制，确保风险保持在合理水平内。

第三，中国的金融现代化以构建人类命运共同体为核心理念。在发展对外金融合作时，我国尊重各国自主选择的发展道路和社会制度，避免设置前置性政治和经济条件。我国以互利共赢为基本原则，积极推动跨境金融服务，开放国内金融市场，以促进资本规范、高效、有序跨境流动。依托健全的法律和社会信用体系，我国吸引全球投资者，致力于建设全球金融新中心。同时，我国着重发展海外开发性金融，以协助其他发展中国家改善基础设施建设。金融企业应紧密跟随国家对外开放战略，调整和优化其全球布局，以满足企业“走出去”的需求。例如，响应“一带一路”倡议，强化“一带一路”沿线等重点市场的业务布局。提升全球金融服务能力，支持构建全球产业合作新体系。根据不同地区的特点，积极开拓新兴市场业务增长点，在对外基础设施投融资和“一带一路”产能合作等项目中，积极探索人民币跨境使用的新场景，以满足国际社会对人民币资产不断增长的需求。积极参与自贸区、自贸港、粤港澳大湾区建设，提升自贸区金融服务水平。围绕 RCEP 合作机制，推动供应链金融合作，帮助企业畅通生产、分销、流通、消费各环节，提高产业链和供应链的稳定性和竞争力，促进国内国际双循环的畅通发展。我国作为负责任大国，积极参与和推动全球金融治理，与国际社会合作共建新型国际金融基础设施，并保障其公平使用，有效打击跨境金融犯罪，共同防范和应对全球金融风险，维护全球金融体系的稳定和可持续发展。

第四，中国的金融现代化以确保金融安全为前提和基础。在风险可控范围内，持续推进金融领域发展，这是改革开放四十多年来我国金融业积累的重要发展经验，也是新时代金融工作坚守“稳中求进”工作总基调的根本要求。党的二十大报告明确提出，要强化金融领域的安全保障体系建设，以推动中国经济高质量发展为目标，坚持保持货币政策的自主性，同时不断完善宏观审慎监管体系。我国在充分运用数字技术的基础上，持续加强金融基础设施体系建设，加快金融监管和金融机构的数字化转型，及时完善与金融安全相关的法律法规框架，确保金融监管、金融服务和金融安全防控等方面的水平同步提升。我国要积极努力创造一个公平、透明且可预测的商业环境和制度，促进国际金融合作的持续发展。在跨境资金流动方面，我国须建立完善的预警机制，以减小主要经济体货币政策调整以及短期资本和套利资金对境内金融市场的冲击，提高金融体系的整体安全性。以高质量发展为基础，继续提升人民币的国际化水平，持续扩大金融业对外开放领域。进一步加强金融安全网络的构建，对金融违法犯罪行为保持高压打击态势，完善金融反腐制度安排，及时惩治金融犯罪和腐败行为，最大限度地消除金融领域的扭曲问题。

参考文献

[1] Al R M E. Operational Risk Management - The Next Frontier the Risk [M]. 2000: 68 -98.

[2] Janathan A. Batten, Harald Kinateder, Peter G. Szilagyi, et al. Hedging Stocks with Oil [J]. Energy Economics, 2019 (prepublish) .

[3] Adrian T, Brunnermeier M K. CoVaR [R]. Federal Reserve Bank of New York Staff Reports No. 348, 2008, 55 (6): 301 -348.

[4] Adämmer P, Bohl M T, Von Ledebur E O. Dynamics between North American and European Agricultural Futures Prices during Turmoil and Financialization [J]. Bulletin of Economic Research, 2017, 69 (1): 57 -76.

[5] Alola A A. The Nexus of Renewable Energy Equity and Agricultural Commodities in the United States: Evidence of Regime - switching and Price Bubbles [J]. Energy, 2022, 239: 122377.

[6] Aloui, C. Price and Volatility Spillovers between Exchange Rates and Stock Indexes for the Pre - and Post - euro Period [J]. Quantitative Finance, 2007, 7 (6): 669 -685.

[7] Alquist R, Bhattarai S, Coibion O. Commodity - price Comovement and Global Economic Activity [J]. Journal of Monetary Economics, 2020, 112 (prepublish) .

[8] Al - Yahyaee K H, Mensi W, Sensoy A, et al. Energy, Precious Metals, and GCC Stock Markets: Is There any Risk Spillover? [J]. Pacific - Basin Finance Journal, 2019, 56.

[9] Antonakakis N, Gabauer D. Refined Measures of Dynamic Connectedness Based on TVP - VAR [R]. MPRA Paper, 2017.

[10] Antonakakis N, Kizys R. Dynamic Spillovers between Commodity and

Currency Markets [J]. International Review of Financial Analysis, 2015, 41.

[11] Antonakakis, N., D. Gabauer and R. Gupta. International Monetary Policy Spillovers: Evidence from a Time – varying Parameter Vector Autoregression [J]. International Review of Financial Analysis, 2019, 65: 101382.

[12] Antonakakis N, Chatziantoniou I, Gabauer D. Refined Measures of Dynamic Connectedness Based on Time – Varying Parameter Vector Autoregressions [J]. Journal of Risk and Financial Management, 2020, 13 (4): 84.

[13] Arouri M El H, Lahiani A, Nguyen D K. World Gold Prices and Stock Returns in China: Insights for Hedging and Diversification Strategies [J]. Economic Modelling, 2015, 44 (Jan.).

[14] B. S. Bernanke. Irreversibility, Uncertainty, and Cyclical Investment [J]. Quarterly Journal of Economics, 1983, 98 (1): 85 – 106.

[15] Bae K H, Jang H, Park K S. Traders' Choice between Limit and Market Orders: Evidence from NYSE Stocks [J]. Journal of Financial Markets, 2003, 6 (4): 517 – 538.

[16] Balcilar M, Demirer R, Gupta R, et al. The Effect of Global and Regional Stock Market Shocks on Safe Haven Assets [J]. Structural Change and Economic Dynamics, 2020, 54 (prepublish).

[17] Bali T G, Brown S J, Murray S. A Lottery – demend – based Explanation of the Beta Anomaly [J]. Journal of Financial and Quantitative Analysis, 2017, 52 (6): 2369 – 2397.

[18] BaruníK J, Kočenda E, Vάcha L. Asymmetric Connectedness on the U. S. Stock Market: Bad and Good Volatility Spillovers [J]. Journal of Financial Markets, 2016, 27 (Jan.).

[19] Baruník J, Kočenda E, Vάcha L. Asymmetric Volatility Connectedness on the Forex Market [J]. Journal of International Money and Finance, 2017, 77.

[20] Bashir, U., Y. Yu, M. Hussain, and G. F. Zebende. Do Foreign Exchange and Equity Markets Co – move in Latin American Region? Detrended Cross – correlation Approach [J]. Physica A: Statistical Mechanics and Its Ap-

plications, 2016, 462: 889 – 897.

[21] Basu S, Bundick B. Uncertainty Shocks in a Model of Effective Demand [J]. Econometrica, 2017, 85 (3): 937 – 958.

[22] Bekaert G, Ehrmann M, Fratzscher M, et al. The Global Crises and Equity Market Contagion [J]. The Journal of Finance, 2014, 69 (6): 2597 – 2649.

[23] Belousova J, Dorfleitner G. On the Diversification Benefits of Commodities from the Perspective of Euro Investors [J]. Journal of Banking and Finance, 2012, 36 (9) .

[24] Bhatia V, Das D, Kumar S B. Hedging Effectiveness of Precious Metals across Frequencies: Evidence from Wavelet Based Dynamic Conditional Correlation Analysis [J]. Physica A: Statistical Mechanics and Its Applications, 2020, 541 (C) .

[25] Blau, Benjamin M. Skewness Preferences, Asset Prices and Investor Sentiment [J]. Applied Economics, 2017, 49 (8) .

[26] Bloom N. The Impact of Uncertainty Shocks [J]. Econometrica, 2009, 77 (3): 623 – 685.

[27] Bonanno G, Caldarelli G, Lillo F, et al. Networks of Equities in Financial Markets [J]. The European Physical Journal B, 2004, 38: 363 – 371.

[28] Borio C , Furfine C , Lowe P . Procyclicality of the Financial System and Financial Stability: Issues and Policy Options [J]. Bis Papers Chapters, 2001, 1 (6): 1 – 57.

[29] Branson, W. H. Macroeconomic Determinants of Real Exchange Risk [M] //Managing foreign exchange risk. ed. R. J. Herring. Cambridge: Cambridge University Press, 1983: 323 – 327.

[30] Brechmann E C, Czado C. Risk Management with High – dimensional Vine Copulas: An Analysis of the Euro Stoxx 50 [J]. Statistics & Risk Modeling, 2013, 30 (4): 307 – 342.

[31] Brogaard J, Detzel A. The Asset – pricing Implications of Government Economic Policy Uncertainty [J]. Management Science, 2015, 61: 3 – 18.

[32] C. C. Lee, C. C. Lee, J. H. Zeng, and Y. L. Hsu. Peer Bank Be-

havior, Economic Policy Uncertainty, and Leverage Decision of Financial Institutions [J]. Journal of Financial Stability, 2017, 30: 79 - 91.

[33] Calvo G A. Contagion in Emerging Markets: When Wall Street Is a Carrier [C]. New York: AEA 1999 New York Meetings, 1999.

[34] Calvo G A, Mendoza E G. Rational Contagion and the Globalization of Securities Markets [J]. Journal of International Economics, 2000, 51 (1): 79 - 113.

[35] Calvo G A, Leiderman L, Reinhart C M. Inflows of Capital to Developing Countries in the 1990s [J]. Journal of economic perspectives, 1996, 10 (2): 123 - 139.

[36] Carrieri F. The Effects of Liberalisation on Market and Currency Risk in the European Union [J]. European Financial Management, 2001, 7 (2): 259 - 290.

[37] Chan H , Faff R . The Sensitivity of Australian Industry Equity Returns to a Gold Price Factor [J]. Accounting & Finance, 1998.

[38] Cheung W, Fung S, Tsai S C. Global Capital Market Interdependence and Spillover Effect of Credit Risk: Evidence from the 2007 - 2009 Global Financial Crisis [J]. Applied Financial Economics, 2010, 20 (1 - 2): 85 - 103.

[39] Chiang, T. C. , B. N. Jeon, and H. Li. Dynamic Correlation Analysis of Financial Contagion: Evidence from Asian markets [J]. Journal of International Money and Finance , 2007, 26 (7): 1206 - 1228.

[40] Chiang, T. C. , S. Y. Yang, and T. S. Wang. Stock Return and Exchange Rate Risk: Evidence from Asian Stock Markets Based on a Bivariate GARCH Model [J]. International Journal of Business , 2000, 5 (2): 97 - 117.

[41] Cline W. Internation debt: Systemic Risk and Policy Response [M]. Washington D C: Institute for International Economics, 1984.

[42] Ki - Hong Choi; Scong - Min Yoon. Risk Connectedness among International Stock Markets: Fresh Findings from a Network Approach [J]. Systems, 2023, 11 (4): 207.

[43] Daniel A, Adam C. Spillovers between the Oil Sector and the

S&P500: The Impact of Information Flow about Crude oil [J]. Energy Economics, 2019, 81: 187 - 196.

[44] David D, Paolo F. Uncertainty, Investor Sentiment, and Innovation [J]. The Review of Financial Studies, 2020 (3): 3.

[45] Devereux M P, Lane P R. Understanding Bilateral Exchange Rate Volatility [J]. Journal of International Economics, 2003, 60 (1): 107 - 132.

[46] Diamandis, P. F., and A. A. Drakos. Financial Liberalization, Exchange Rates and Stock Prices: Exogenous Shocks in Four Latin America Countries [J]. Journal of Policy Modeling, 2011, 33 (3): 381 - 394.

[47] Diebold F X, Yilmaz K. Better to Give Than to Receive: Predictive Directional Measurement of Volatility Spillovers [J]. International Journal of forecasting, 2012, 28 (1): 57 - 66.

[48] Diebold F X, Yilmaz K. Measuring Financial Asset Return and Volatility Spillovers with Application to Global Equity Markets [J]. The Economic Journal, 2009, 19 (534): 158 - 171.

[49] Diebold F X, Yilmaz K. On the Network Topology of Variance Decompositions: Measuring the Connectedness of Financial Firms [J]. Journal of Econometrics, 2014, 182: 119 - 134.

[50] Diebold F X, Yilmaz K. Trans - Atlantic Equity Volatility Connectedness: U. S. and European Financial Institutions, 2004 - 2014 [J]. Journal of Financial Econometrics, 2015, 14 (1).

[51] Dimpfl T, Flad M, Jung R C. Price Discovery in Agricultural Commodity Markets in the Presence of Futures Speculation [J]. Journal of Commodity Markets, 2017, 5: 50 - 62.

[52] David Hillier, Paul Draper, Robert Faff Do Precious Metals Shine? An Investment Perspective [J]. Financial Analysts Journal, 2006, 62 (2).

[53] Doong, S. C., S. Y. Yang, and A. T. Wang. The Dynamic Relationship and Pricing of Stocks and Exchange Rates: Empirical Evidence from Asian Emerging Markets [J]. Journal of American Academy of Business 2005, 7 (1): 118 - 123.

[54] Dornbusch R, Park Y C, Claessens S. Contagion: How It Spreads and How It Can Be Stopped [J]. World Bank Research Observer, 2000, 15 (2): 177 - 197.

[55] Dornbusch, R., and S. Fischer. Exchange Rates and the Current Account [J]. American Economic Review, 1980, 70 (5): 960 - 971.

[56] Dungey M, Martin V L. Unravelling Financial Market Linkages during Crises [J]. Journal of Applied Econometrics, 2007, 22 (1): 89 - 119.

[57] Edward S. Interest Rate Volatility, Captial and Contagion [R]. NBER Working Paper. 1998 (6756).

[58] ELIE B, Oguzhan C, David G, et al. Return Connectedness across Asset Classes around the COVID - 19 Outbreak [J]. International Review of Financial Analysis, 2020 (prepublish).

[59] Eun, Cheol S., and Sangdal Shim. International Transmission of Stock Market Movements [J]. The Journal of Financial and Quantitative Analysis, 1989, 24 (2): 241 - 256.

[60] F. Jia and B. Yang. Forecasting Volatility of Stock Index: Deep Learning Model with Likelihood - based Loss Function [J]. Complexity, 2021, 2021 (2): 1 - 13.

[61] Farzanegan, M. R., Markwardt, G. The Effects of Oil Price Shocks on the Iranian Economy [J]. Energy Economics, 2009, 31 (1): 134 - 151.

[62] Fenghua W, Cui L, Han S, et al. How Does Economic Policy Uncertainty Affect Corporate Risk - taking? Evidence from China [J]. Finance Research Letters, 2020, 41 (prepublish).

[63] Fisher T J, Gallagher C M. New Weighted Portmanteau Statistics for Time Series Goodness of Fit Testing [J]. JASA: Journal of the American Statistical Association, 2012.

[64] Fontaine I, Didier L, Razafindravaosolonirina J. Foreign Policy Uncertainty Shocks and US Macroeconomic Activity: Evidence from China [J]. Post - Print, 2017.

[65] Forbes K J, Warnock F E. Capital Flow Waves: Surges, Stops,

Flight, and Retrenchment [J]. Journal of International Economics, 2012, 88 (2): 235 - 251.

[66] Forbes K J, Rigobon R. No Contagion, only Interdependence: Measuring Stock Market Comovements [J]. The Journal of Finance, 2002, 57 (5): 2223 - 2261.

[67] Forbes K J, Rigobon R. Measuring Contagion: Conceptual and Empirical Issues [M]. New York: Springer US, 2001.

[68] Freimann E. Economic Integration and Country Allocation in Europe [J]. Financial Analysts Journal, 1998, 54 (5): 32 - 41.

[69] G. Liu and C. Zhang. Economic Policy Uncertainty and Firms' Investment and Financing Decisions in China [J]. China Economic Review, 2019, 63.

[70] Gary Koop, M. Hashem Pesaran, Simon M. Potter. Impulse Response Analysis in Nonlinear Multivariate Models [J]. Journal of Econometrics, 1996, 74 (1): 119 - 147.

[71] George S. Investing in Commodities: Popular Beliefs and Misconceptions [J]. Journal of Asset Management, 2012, 13 (2) .

[72] Girardi G, Ergün A T. Systemic Risk Measurement: Multivariate GARCH Estimation of CoVaR [J]. Journal of Banking and Finance, 2013, 37 (8): 3169 - 3180.

[73] Gorea D, Radev D. The Euro Area Sovereign Debt Crisis: Can Contagion Spread from the Periphery to the Core? [J]. International Review of Economics and Finance, 2014, 30 (3): 78 - 100.

[74] Gupta R, Modise M. International Stock and Bond Market Linkages with South Africa under Crisis and Non - Crisis Conditions [J]. Journal of Economic and Financial Sciences, 2013, 6 (2): 371 - 385.

[75] Hakwa B, Jäger - Ambrozewicz M, Rüdiger B. Analysing Systemic Risk Contribution Using a Closed Formula For Conditional Value at Risk through Copula [J]. Communications on Stochastic Analysis, 2015, 9 (1) .

[76] Hammoudeh S M, Yuan Y, McAleer M. Shock and Volatility Spillo-

vers among Equity Sectors of the Gulf Arab Stock Markets [J]. The Quarterly Review of Economics and Finance, 2009, 49 (3): 829 -842.

[77] Hammoudeh S, Nguyen D K, Reboredo J C, et al. Dependence of Stock and Commodity Futures Markets in China: Implications for portfolio Investment [J]. Emerging Markets Review, 2014, 21.

[78] HE L - Y, CHEN S - P. Multifractal Detrended Cross - correlation Analysis of Agricultural Futures Markets [J]. Chaos, Solitons & Fractals, 2011, 44 (6): 355 -361.

[79] Hetkamp M, Schweda A, Bäuerle A, et al. Sleep Disturbances, Fear, and Generalized Anxiety during the COVID - 19 Shut Down Phase in Germany: Relation to Infection Rates, Deaths, and German Stock Index DAX [J]. Sleep Medicine, 2020, 75.

[80] Hood M, Malik F. Is Gold the Best Hedge and a Safe Haven under Changing Stock Market Volatility? [J]. Review of Financial Economics, 2013, 22 (2) .

[81] Hoon K S, Ron M, Min Y S. Dynamic Spillover Effects Among Crude Oil, Precious Metal, and Agricultural Commodity Futures Markets [J]. Energy Economics, 2016, 62.

[82] Huang W Q, Zhuang X T, Yao S. A Network Analysis of the Chinese Stock Market [J]. Physica A: Statistical Mechanics and its Applications, 2009, 388 (14): 2956 -2964.

[83] Ibrahim, M. H. , and H. Aziz. Macroeconomic Variables and the Malaysian Equity Market: A View Through Rolling Subsamples [J]. Journal of Economic Studies, 2003, 30 (1): 6 -27.

[84] Ikram J, Mohamed A, Frédéric T. On the Effects of World Stock Market and Oil Price Shocks on Food Prices: An Empirical Investigation Based on TVP - VAR Models with Stochastic Volatility [J]. Energy Economics, 2014, 45.

[85] J. V. Duca and J. L. Saving. What Drives Economic Policy Uncertainty in the Long and Short Runs: European and US Evidence over Several Decades [J]. Journal of Macroeconomics, 2018, 55: 128 -145.

[86] James Tobin. Liquidity Preference as Behavior Towards Risk [J]. Review of Economic Studies, 1958, 25.

[87] JI Q, Bouri E, Roubaud D, et al. Risk Spillover between Energy and Agricultural Commodity Markets: A Dependence – switching CoVaR – copula model [J]. Energy Economics, 2018, 75: 14 –27.

[88] Jia R – L, Wang D – H, TU J – Q, et al. Correlation between Agricultural Markets in Dynamic Perspective – Evidence from China and the US Futures Markets [J]. Physica A: Statistical Mechanics and its Applications, 2016, 464: 83 –92.

[89] Jiang Y, Fu Y, Ruan W. Risk Spillovers and Portfolio Management between Precious Metal and BRICS Stock Markets [J]. Physica A: Statistical Mechanics and its Applications, 2019, 534 (C) .

[90] K. Jurado, S. C. Ludvigson, and S. Ng. Measuring Uncertainty [J]. American Economic Review, 2015, 105 (3): 1177 –1216.

[91] Kallberg J, Pasquariello P. Time – series and Cross – sectional Excess Comovement in Stock Indexes [J]. Journal of empirical finance, 2008, 15 (3): 481 –502.

[92] Kang S H, Uddin G S, Troster V, et al. Directional Spillover Effects between ASEAN and World Stock Markets [J]. Journal of Multinational Financial Management, 2019, 52: 100592.

[93] Karacaer, S. , and A. Kapusuzoglu. Investigating Causal Relations among Stock Market and Macroeconomic Variables: Evidence from Turkey [J]. International Journal of Economic Perspectives, 2010, 4 (3): 501.

[94] Kaufman G, Kenneth G, Scott E. What Is Systemic Risk, and Do Bank Regulators Retard or Contribute to It? [J]. The Independent Review, 2003, 7 (3): 371 –391.

[95] Ke Y, Li C, Mckenzie A M, et al. Risk Transmission between Chinese and US Agricultural Commodity Futures Markets – A CoVaR Approach [J]. Sustainability, 2019, 11 (1): 239.

[96] Kearney A A, Lombra R E. Gold and Platinum: Toward Solving the

Price Puzzle [J]. The Quarterly Review of Economics and Finance, 2009, 49 (3).

[97] Khalfaoui R, Sarwar S, Tiwari A K. Analysing Volatility Spillover between the Oil Market and the Stock Market in Oil – importing and Oil – exporting Countries: Implications on Portfolio Management [J]. Resources Policy, 2019, 62.

[98] Kim B H, Kim H, Lee B S. Spillover Effects of the US Financial Crisis on Financial Markets in Emerging Asian Countries [J]. International Review of Economics & Finance, 2015, 39: 192 – 210.

[99] Kim, K. H. Dollar Exchange Rate and Stock Price: Evidence from Multivariate Cointegration and Error Correction Model [J]. Review of Financial Economics, 2003, 12 (3): 301 – 313.

[100] Kim, T., & Kim, D. Sovereign Bond Risk Contagion in the Asia – Pacific Region [J]. Pacific – Basin Finance Journal, 2018, 50: 136 – 153.

[101] King B F. Market and Industry Factors in Stock Price Behavior [J]. the Journal of Business, 1966, 39 (1): 139 – 190.

[102] Klitgaard, T. Are Stock and Bond Returns Related to Political Risk? [J]. Journal of International Money and Finance, 1999, 18 (4): 693 – 708.

[103] Kodres L, Pritsker M. A Rational Expectations Model of Financial Contagion [J]. The Journal of Finance, 2002, 57 (2): 769 – 779.

[104] Koop G, Korobilis D. A New Index of Financial Conditions [J]. European Economic Review, 2014, 71: 101 – 116.

[105] Koop G, Pesaran M H, Potter S M. Impulse Response Analysis in Nonlinear Multivariate Models [J]. Journal of econometrics, 1996, 74 (1): 119 – 147.

[106] Koop, G. and D. Korobilis. A New Index of Financial Conditions [J]. European Economic Review, 2014, 71: 101 – 116.

[107] Korkmaz T, Çevik E I, Atukeren E. Return and Volatility Spillovers among CIVETS Stock Markets [J]. Emerging Markets Review, 2012, 13 (2): 230 – 252.

[108] Korobilis D, Yilmaz K. Measuring Dynamic Connectedness with Large Bayesian VAR models [R]. Working Paper, No. 1802, Koç University TÜSĪAD Economic Research Forum (ERF), Istanbul, 2018.

[109] L. Pastor and P. Veronesi. Political Uncertainty and Risk Premia [J]. Journal of Financial Economics, 2013, 110 (3): 520 – 545.

[110] Lacker J M. On Systemic Risk [C]. The Second Joint Central Bank Research Conference on Risk Measurement and Systemic Risk, Tokyo, 1998.

[111] Lee C, Thaler S . Investor Sentiment and the Closed – End Fund Puzzle [J]. Journal of Finance, 1991, 46 (1): 75 – 109.

[112] Li R, Leung G C K. The Integration of China into the World Crude Oil Market since 1998 [J]. Energy Policy, 2011, 39 (9): 5159 – 5166.

[113] Li X M , Peng L . US Economic Policy Uncertainty and Co – movements between Chinese and US Stock Markets [J]. Economic Modelling, 2017, 61: 27 – 39.

[114] LI Z, LU X. Cross – correlations between Agricultural Commodity Futures Markets in the US and China [J]. Physica A: Statistical Mechanics and Its Applications, 2012, 391 (15): 3930 – 3941.

[115] Li, W. Electricity Consumption and Economic Growth in China: Co – integration and Dynamic Causality Analysis [J]. Energy Economics, 2007, 29 (7), 1179 – 1191.

[116] Lin B, Su T. Mapping the Oil Price – stock Market Nexus Researches: A Scientometric Review [J]. International Review of Economics and Finance, 2020, 67 (C) .

[117] Lin, C. H. The Comovement between Exchange Rates and Stock Prices in the Asian Emerging Markets [J]. International Review of Economics & Finance , 2012, 22 (1): 161 – 172.

[118] Lintner J. The Valuation of Risk Assets and the Selection of Risky Investments in Stock Portfolios and Capital Budgets [J]. Review of Economics and Statistics, 1965, (47): 13 – 47.

[119] Liu J, Tang S, Chang C P. Spillover Effect between Carbon Spot and

Futures Market: Evidence from EU ETS [J]. Environmental Science and Pollution Research, 2021, 28: 15223 - 15235.

[120] Liu Y A, Pan M S. Mean and Volatility Spillover Effects in the US and Pacific - Basin stock markets [J]. Multinational Finance Journal, 1997, 1 (1): 47 - 62.

[121] Liu, L. Wu, T. The Co - movement between Bond and Stock Markets: Evidence from Developed and Emerging Countries [J]. Journal of International Financial Markets, Institutions & Money, 2010, 20 (3): 321 - 335.

[122] Livingston M. Industry Movements of Common Stocks [J]. The Journal of Finance, 1977, 32 (3): 861 - 874.

[123] Lucey B M, Li S L. What Precious Metals Act as Safe Havens, and When? Some US Evidence [J]. Applied Economics Letters, 2015, 22 (1).

[124] M. Balcilar, R. Gupta, W. J. Kim, and C. Kyei. The Role of Economic Policy Uncertainties in Predicting Stock Returns and Their Volatility for Hong Kong, Malaysia and South Korea [J]. International Review of Economics & Finance, 2019, 59: 150 - 163.

[125] Maghyereh A I, Awartani B, Bouri E. The Directional Volatility Connectedness between Crude Oil and Equity Markets: New Evidence from Implied Volatility Indexes [J]. Energy Economics, 2016, 57: 78 - 93.

[126] Markowitz H M . Portfolio Selection [J]. The Journal of Finance, 1952, 7 (1): 77.

[127] Mossin J. Equilibrium in a Capital Asset Market [J]. Econometrica, 1966, 34 (4): 768 - 783.

[128] Mazur M, Dang M, Vega M. COVID - 19 and the March 2020 Stock Market Crash. Evidence from S&P1500 [J]. Finance Research Letters, 2020, 38 (prepublish).

[129] Mckenzie A M, Holt M T. Market Efficiency in Agricultural Futures Markets [J]. Applied economics, 2002, 34 (12): 1519 - 1532.

[130] Mensi W, Al - Yahyaee K H, Kang S H. Time - varying Volatility Spillovers between Stock and Precious Metal Markets with Portfolio Implications

[J]. Resources Policy, 2017, 53: 88 - 102.

[131] Mensi W, Hammoudeh S, Yoon S - M. Structural Breaks, Dynamic Correlations, Asymmetric Volatility Transmission, and Hedging Strategies for Petroleum Prices and USD Exchange Rate [J]. Energy Economics, 2015, 48.

[132] Meyers S L. A Re - examination of Market and Industry Factors in Stock Price Behavior [J]. The Journal of Finance, 1973, 28 (3): 695 - 705.

[133] Mishra, A. K. Stock Market and Foreign Exchange Market in India: Are They Related? [J]. South Asia Economic Journal, 2004, 5 (2): 209 - 232.

[134] Miyakoshi T. Spillovers of Stock Return Volatility to Asian Equity Markets from Japan and the US [J]. Journal of International Financial Markets, Institutions and Money, 2003, 13 (4): 383 - 399.

[135] Masson P. Contagion: Monsoonal Effects, Spillovers, and Jumps between Multiple Equilibria [R]. Washington D. C.: IMF Working Papers, 1998.

[136] N. Bloom. The Impact of Uncertainty Shocks [J]. Econometrica, 2009, 77: 623 - 685.

[137] Naeem M A, Farid S, Balli F, et al. Hedging the Downside Risk of Commodities through Cryptocurrencies [J]. Applied Economics Letters, 2021, 28 (2): 153 - 160.

[138] Naeem M A, Farid S, Nor S M, et al. Spillover and Drivers of Uncertainty among Oil and Commodity Markets [J]. Mathematics, 2021, 9 (4): 441.

[139] Naeem M A, Hasan M, Arif M, et al. Oil and Gold as a Hedge and Safe - haven for Metals and Agricultural Commodities with Portfolio Implications [J]. Energy Economics, 2022, 105: 105758.

[140] Nazlioglu S, Erdem C, Soytas U. Volatility Spillover between Oil and Agricultural Commodity Markets [J]. Energy Economics, 2013, 36: 658 - 665.

[141] Ng A. Volatility Spillover Effects from Japan and the US to the Pacific - Basin [J]. Journal of International Money and Finance, 2000, 19 (2): 207 - 233.

[142] Nguyen T T H, Naeem M A, Balli F, et al. Time - frequency Co-

movement among Green Bonds, Stocks, Commodities, Clean Energy, and Conventional Bonds [J]. Finance Research Letters, 2021, 40: 101739.

[143] Ning, C. Dependence Structure between the Equity Market and the Foreign Exchange Market: A Copula Approach [J]. Journal of International Money and Finance, 2010, 29 (5): 743 -759.

[144] Nishimura Y, Men M. The Paradox of China's International Stock Market Co - movement: Evidence from Volatility Spillover Effects between China and G5 Stock Markets [J]. Journal of Chinese Economic and Foreign Trade Studies, 2010, 3 (3) .

[145] O. Bernal, J. Y. Gnabo, and G. Guilmin. Economic Policy Uncertainty and Risk Spillovers in the Eurozone [J]. Journal of International Money and Finance, 2016, 65: 24 -45.

[146] Patton A J. Estimation of Multivariate Models for Time Series of Possibly Different Lengths [J]. Journal of Applied Econometrics, 2006, 21 (2): 147 -173.

[147] Pellegrini, G. , Geranio, M. Stock and Flow Dynamics of European Equity and Bond Fund Flows [J]. Journal of Financial Markets, 2013, 16 (3), 572 -607.

[148] Peng X. Do Precious Metals Act as Hedges or Safe Havens for China's Financial Markets? [J]. Finance Research Letters, 2019 (prepublish) .

[149] Pesaran H H, Shin Y. Generalized Impulse Response Analysis in Linear Multivariate Models [J]. Economics Letters, 1998, 58 (1): 17 -29.

[150] Phillips, A. European sovereign bond markets and the banking sector [J]. Journal of European Integration, 2016, 38 (5): 581 -595.

[151] Phylaktis K, Ravazzolo F. Stock prices and exchange rate dynamics [J]. Journal of international Money and Finance, 2005, 24 (7): 1031 -1053.

[152] Primiceri G E. Time Varying Structural Vector Autoregressions and Monetary Policy [J]. The Review of Economic Studies, 2005, 72 (3): 821 -852.

[153] R. Zhao. Economic Policy Uncertainty and Local Carbon Emission

Trading: A Multifractal Analysis from US and Guangdong [J]. Complexity 2021, 2021: 1 – 10.

[154] Raza, N., S. J. H. Shahzad, A. K. Tiwari, and M. Shahbaz. Asymmetric Impact of Gold, Oil Prices and Their Volatilities on Stock Prices of Emerging Markets [J]. Resources Policy, 2016, 49: 290 – 301.

[155] Reboredo J C, Ugolini A. Systemic Risk in European Sovereign Debt Markets: A CoVaR – copula Approach [J]. Journal of International Money and Finance, 2015, 51: 214 – 244.

[156] Riza Demirer, Ali M. Kutan, et al. Do ADR Investors Herd?: Evidence from Advanced and Emerging Markets [J]. International Review of Economics & Finance, 2014.

[157] Ross S A. The Arbitrage Theory of Capital Asset Pricing [J]. Journal of Economic Theory, 1976, (13): 341 – 360.

[158] S. Basu and B. Bundick. Uncertainty Shocks in a Model of Effective Demand [J]. Econometrica, 2017, 85 (3): 937 – 958.

[159] S. Gilchrist, J. W. Sim, and E. Zakrajsek. Uncertainty, Financial Frictions, and Investment Dynamics [R]. NBER Working Paper 20038, 2014.

[160] S. Leduc and Z. Liu. Uncertainty Shocks Are Aggregate Demand Shocks [J]. Journal of Monetary Economics, 2016, 82: 20 – 35.

[161] S. R. Baker, N. Bloom, and S. J. Davis. Measuring Economic Policy Uncertainty [J]. Quarterly Journal of Economics, 2016, 131 (4): 1593 – 1636.

[162] Schultz, J. Financial Integration in Europe: Evidence from the Bond and Equity Markets [J]. Journal of International Financial Markets, Institutions and Money, 2017, 50: 119 – 131.

[163] Schwert, G. W. Stock Returns and Real Activity: A Century of Evidence [J]. Journal of Finance, 1990, 45 (4): 1237 – 1257.

[164] Sharpe W F. Capital Asset Prices: A Theory of Market Equilibrium under Conditions of Risk [J]. The Journal of Finance, 1964, 19 (3): 425 – 442.

[165] Sharif A, Aloui C, Yarovaya L. COVID – 19 Pandemic, Oil Prices, Stock Market, Geopolitical Risk and Policy Uncertainty Nexus in the US Econo-

my: Fresh Evidence from the Wavelet – based Approach [J]. International Review of Financial Analysis, 2020, 70 (prepublish).

[166] Shefrin H, Statman M. Behavioral Capital Asset Pricing Theory [J]. Journal of Financial & Quantitative Analysis, 1994, 29 (3): 323 – 349.

[167] Shefrin H, Statman M. Behavioral Portfolio Theory [J]. Journal of Financial and Quantitative Analysis, 2000, 35 (2): 127 – 151.

[167] Sifat I, Ghafoor A, Mand A A. The COVID – 19 Pandemic and Speculation in Energy, Precious Metals, and Agricultural Futures [J]. Journal of Behavioral and Experimental Finance, 2021, 30: 100498.

[169] Singhal S, Choudhary S, Biswal P C. Return and Volatility Linkages among International Crude Oil Price, Gold Price, Exchange Rate and Stock Markets: Evidence from Mexico [J]. Resources Policy, 2019, 60: 255 – 261.

[170] Sklar A. Fonctions De Repartitionan Dimensions Et Leurs Marges [J]. Publication Institute Statistique Universitede Paris, 1959 (8): 229 – 231.

[171] Soenen, L. A., and E. S. Hennigar. An analysis of Exchange – rates and Stock – prices – the United – states Experience between 1980 and 1986 [J]. Akron Business and Economic Review, 1988, 19 (4): 7 – 16.

[172] Stockman, A. C., Watson, M. W. A Simple Estimator of Cointegrating Vectors in Higher Order Integrated Systems [J]. Econometrica, 1993, 61 (4): 783 – 820.

[173] Summers L H, Fisher S. A Long – Term Perspective on the U. S. Economic Situation [J]. Science, 1989, 243 (4893): 329 – 336.

[174] Tabak B M, Serra T R, Cajueiro D O. Topological Properties of Stock Market Networks: The Case of Brazil [J]. Physica A: Statistical Mechanics and its Applications, 2010, 389 (16): 3240 – 3249.

[175] Tiwari A K, Boachie M K, Suleman M T, et al. Structure Dependence between Oil and Agricultural Commodities Returns: The Role of Geopolitical Risks [J]. Energy, 2021, 219: 119584.

[176] Tsai, I. C. The Relationship between Stock Price Index and Exchange Rate in Asian Markets: A Quantile Regression Approach [J]. Journal of

International Financial Markets, Institutions and Money, 2012, 22 (3): 609 - 621.

[177] Uddin G S, Hernandez J A, Shahzad S J H, et al. Characteristics of Spillovers between the US Stock Market and Precious Metals and Oil [J]. Resources Policy, 2020, 66 (C) .

[178] Urias M, Sharaiha Y, Hendricks R. European Investing after EMU: Industry and National Effects in Equity Returns [J]. Morgan Stanley Dean Witter Global.

[179] V. Panousi, T. Papanikolaou, and H. Xie. Investment, Idiosyncratic Risk, and Ownership [J]. The Journal of Finance, 2011, 67 (3): 1113 - 1148.

[180] Wang Y, Wu C, Yang L. Oil Price Shocks and Agricultural Commodity Prices [J]. Energy Economics, 2014, 44: 22 - 35.

[181] Wang, Y. Volatility Spillovers across NFTs News Attention and Financial Markets [J]. International Review of Financial Analysis, 2022, 83: 1 - 18.

[182] Wen F, Xu L, Ouyang G, et al. Retail Investor Attention and Stock Price Crash Risk: Evidence from China [J]. International Review of Financial Analysis, 2019, 65 (C) .

[183] Wolf H . Managing Economic Volatility and Crises: Volatility: Definitions and Consequences [J]. 2005.

[184] X. J. Wang, W. K. Xu, and Z. D. Zhong. Economic Policy Uncertainty, CDS Spreads, and CDS Liquidity Provision [J]. Journal of Futures Markets, 2019, 39: 461 - 480.

[185] X. Wu, T. Liu, and H. Xie. Economic Policy Uncertainty and Chinese Stock Market Volatility: A CARR - MIDAS Approach [J]. Complexity, 2021, 2021: 1 - 10.

[186] Weiju Xu, Feng Ma, Wang Chen, Bing Zhang. Asymmetric Volatility Spillovers between Oil and Stock Markets. Evidence from China and the United States [J]. Energy Economic, 2019, 80: 310 - 320.

[187] Y. Huang and P. Luk. Measuring economic policy uncertainty in

China, [J]. China Economic Review, 2020, 59. Article ID 101367.

[188] Yang J, Li Z, Wang T. Price Discovery in Chinese Agricultural Futures Markets: A Comprehensive Look [J]. Journal of Futures Markets, 2021, 41 (4): 536 – 555.

[189] Yang L, Cui X, Yang L, et al. Risk Spillover from International Financial Markets and China's Macro – economy: A MIDAS – CoVaR – QR model [J]. International Review of Economics & Finance, 2023, 84: 55 – 69.

[190] Yang L, Hamori S. Spillover Effect of US Monetary Policy to ASEAN Stock Markets: Evidence from Indonesia, Singapore, and Thailand [J]. Pacific – Basin Finance Journal, 2014, 26: 145 – 155.

[191] Yang, S. Y., and S. C. Doong. Price and Volatility Spillovers between Stock Prices and Exchange Rates: Empirical Evidence from the G – 7 Countries [J]. International Journal of Business and Economics, 2004, 3 (2): 139.

[192] Zhang D, Hu M, Ji Q. Financial Markets under the Global Pandemic of COVID – 19 [J]. Finance Research Letters, 2020, 36 (prepublish).

[193] Zhang W, Zhuang X, Lu Y. Spatial Spillover Effects and Risk Contagion Around G20 Stock Markets Based on Volatility Network [J]. The North American Journal of Economics and Finance, 2020, 51: 101064.

[194] Zhang, H., J. Chen and L. Shao. Dynamic Spillovers between Energy and Stock Markets and Their Implications in the Context of COVID – 19 [J]. International Review of Financial Analysis, 2021, 77: 101828.

[195] Zhao, H. Dynamic Relationship between Exchange Rate and Stock Price: Evidence from China [J]. Research in International Business and Finance, 2010, 24 (2): 103 – 112.

[196] 卞志村，仝玉超，沈雨田. 全球股票市场系统性风险测度与非线性演变 [J]. 经济问题，2021，498 (2)：12 – 21.

[197] 蔡源，崔婕. “一带一路”沿线国家股市风险溢出效应——基于突发事件的实证检验 [J]. 统计学报，2022，3 (6)：74 – 92. DOI：10. 19820/j. cnki. ISSN2096 – 7411. 2022. 06. 006.

［198］曹慧．上市公司资本市场动态分析［J］．中国皮革，2012，41（4）：36－38. DOI：10.13536/j.cnki.issn1001－6813.2012.04.008.

［199］曹洁，雷良海．基于时变扭曲混合 Copula 模型的股票市场间风险传染分析——以中美贸易争端为背景［J］．数学的实践与认识，2020，50（3）：131－142.

［200］曾志坚，岳凯文，齐力．基于复杂网络的新能源股票间联动性研究［J］．财经理论与实践，2015，36（6）：44－49.

［201］陈枫．地缘政治和金融压力对我国商品期货的影响研究［J］．金融与经济，2022（1）：12－23.

［202］陈奉功．新冠肺炎疫情对我国企业的异质性影响——基于股价波动视角的实证研究［J］．工业技术经济，2020，39（10）：3－14.

［203］陈凯杰，唐振鹏，吴俊传，等．贵金属期货价格预测方法及实证研究［J］．中国管理科学，2022，30（12）：245－253.

［204］陈声利，赵学军，张自力．全球视野的大类资产风险溢出研究［J］．管理科学，2019，32（6）：3－17.

［205］陈昕．我国商品期货与股票市场联动效应的实证检验［J］．统计与决策，2012（7）：155－158.

［206］崔金鑫，邹辉文．国际股市间动态相依性及高阶矩风险溢出效应研究［J］．系统科学与数学，2021，41（4）：976－1006.

［207］崔金鑫，邹辉文．中国股市行业间高阶矩风险溢出效应研究［J］．系统科学与数学，2020，40（7）：1178－1204.

［208］崔准焕．中国股市与美国股市之间联动性研究［D］．杭州：浙江大学博士学位论文，2007.

［209］党印，苗子清，张涛．中国金融压力实时监测研究——基于混频大数据动态因子模型的分析［J］．经济学报，2022，9（4）：65－87.

［210］邓创，徐曼．中美金融周期波动的溢出效应与传导机制研究［J］．当代财经，2019（10）：58－70.

［211］邓道才，查芬．美联储加息对新兴经济体的溢出效应研究——基于金砖国家数据的实证分析［J］．征信，2022，40（10）：86－92.

［212］邓留保，崔海宁．美联储缩表对我国经济增长的溢出效应

[J]. 金陵科技学院学报（社会科学版），2020，34（1）：7-12.

[213] 丁振辉，徐瑾. 上海和香港两地股市联动性研究——基于GARCH模型的分析 [J]. 金融发展研究，2013（5）：20-25.

[214] 董冉冉. 我国股票与债券市场风险传导的时滞分析 [J]. 统计与决策，2010（13）：3.

[215] 杜红军，王剑. 国际碳市场、原油市场与股票市场间极端风险溢出效应研究——基于 TVP-VAR-DY 模型 [J]. 金融经济，2022（12）：58-67. DOI：10.14057/j.cnki.cn43-1156/f.2022.12.008.

[216] 段广茹. 中国金融压力指数与通货膨胀的关联分析 [J]. 荆楚理工学院学报，2020，35（5）：29-39.

[217] 段又源. 新冠肺炎疫情对我国股市的影响——基于医药行业的实证分析 [J]. 中国商论，2020（18）：28-30. DOI：10.19699/j.cnki.issn2096-0298.2020.18.028.

[218] 高猛. 中国股市与世界主要股市的联动关系研究 [D]. 北京：中国农业大学博士学位论文，2014.

[219] 高铁梅. 计量经济分析方法与建模：EVIEWS 应用及实例 [M]. 北京：清华大学出版社，2009：126-165.

[220] 高翔. 中国商品期货价格与相关上市公司股价相关性分析 [D]. 厦门：厦门大学硕士学位论文，2009.

[221] 郭娜，张骏. 中国能源市场与股票市场的波动溢出效应研究——基于 TVP-VAR-DY 模型的实证研究 [J]. 西南民族大学学报（人文社会科学版），2022，43（5）：122-133.

[222] 郭文旌，侯伟. 加密数字货币与全球主要股市的联动效应研究 [J]. 统计与信息论坛，2022，37（8）：41-52.

[223] 郭文伟，王礼昱. 关联网络、风险溢出与重要系统性金融机构识别——基于市场、行业和机构的实证 [J]. 中央财经大学学报，2019（5）：33-48.

[224] 郭文伟，朱洪进，马晓文. 结构性去杠杆与中国房地产金融业波动溢出风险：促进还是抑制？[J]. 云南财经大学学报，2022，38（1）：40-58.

［225］韩丹，王瑞祥，杨之琳．大宗商品价格上涨对区域经济金融的影响研究——以甘肃定西为例［J］．商展经济，2023（6）：23－25.

［226］韩非，肖辉．中美股市间的联动性分析［J］．金融研究，2005（11）：117－129.

［227］何诚颖，刘林，徐向阳，王占海．外汇市场干预、汇率变动与股票价格波动——基于投资者异质性的理论模型与实证研究［J］．经济研究，2013，48（10）：29－42，97.

［228］何诗霏．俄乌冲突对中国资本市场总体影响有限［N］．国际商报，2022－02－28（006）．DOI：10.28270/n.cnki.ngjsb.2022.000907.

［229］洪永淼，成思危，刘艳辉，等．中国股市与世界其他股市之间的大风险溢出效应［J］．经济学（季刊），2004（2）：703－726.

［230］侯仲凯，何卓静，周利国．行业间市场风险相依结构及其危机传染效应［J］．金融经济学研究，2018，33（2）：71－83.

［231］胡聪慧，刘学良．大宗商品与股票市场联动性研究：基于融资流动性的视角［J］．金融研究，2017（7）：123－139.

［232］胡利琴，胡蝶，彭红枫．机构关联、网络结构与银行业系统性风险传染——基于 VAR－NETWORK 模型的实证分析［J］．国际金融研究，2018（6）：53－64.

［233］胡秋灵，刘伟．中美股市联动性分析——基于次贷危机背景下的收益率研究［J］．金融理论与实践，2009（6）：79－84.

［234］黄飞雪，寇玲，侯铁珊．郑州白糖期货价格对南宁糖业股价的动态影响机制［J］．中国农业大学学报，2009，14（5）：140－144.

［235］黄飞雪，寇玲，杨德礼．金融危机前后中英美股票市场间波动溢出效应比较［J］．数理统计与管理，2012，31（4）：751－760.

［236］黄鸿，蒋晓全．我国有色金属期货价格与股票价格相关性研究［J］．上海经济研究，2010（5）：50－53.

［237］黄炯，张海亮．金砖国家证券市场联动性研究［J］．时代金融，2017（5）：175－177.

［238］姜富伟，宁炜，薛浩．机构投资与金融稳定——基于 A 股 ETF 套利交易的视角［J］．管理世界，2022，38（4）：29－49.

［239］姜志成，陈斌．债券市场政策神经元体元理论研究．合肥工业大学学报（自然科学版），2018，41（5），596－605.

［240］金春雨，张德园．世界主要经济体宏观经济不确定性的时变双向溢出效应分析［J］．经济问题探索，2019（8）：104－115.

［241］金洪飞，金荦．石油价格与股票市场的溢出效应——基于中美数据的比较分析［J］．金融研究，2008（2）：83－97.

［242］孔令军，王忠鹏，董长高．基于VAR模型的两市关联性研究．金融研究，2017（8）：57－71.

［243］赖娟．我国金融系统性风险及其防范研究［D］．南昌：江西财经大学博士学位论文，2011.

［244］李岸，夏越，乔海曙．国际股票市场联动的影响路径与机制研究［J］．南京社会科学，2016（7）：23－29.

［245］李稻葵，刘霖林．人民币国际化：计量研究及政策分析［J］．金融研究，2008（11）：1－16.

［246］李宏宇．股市中行业联动效应的实证分析——基于CAPM的空间计量模型的应用［J］．经济经纬，2010（2）：142－146.

［247］李佳，茆训诚．沪铜期货与上证A股长短期波动与动态非对称相关性研究——基于宏观经济因素视角的混频数据分析［J］．上海师范大学学报（哲学社会科学版），2019，48（4）：113－124.

［248］李扬，余维彬．人民币汇率制度改革：回归有管理的浮动［J］．经济研究，2005（8）：24－31，53.

［249］李珍，牟思思，赵凌．俄罗斯应对西方国家经济金融制裁的措施及政策启示［J］．当代金融研究，2022，5（9）：33－42.

［250］李正辉，钟俊豪，董浩．经济政策不确定性宏观金融效应的统计测度研究［J］．系统工程理论与实践，2021，41（8）：1897－1910.

［251］李政，梁琪，涂晓枫．我国上市金融机构关联性研究——基于网络分析法［J］．金融研究，2016（8）：95－110.

［252］李子厚．金属期货价格与股票价格动态关联效应研究——以铝为例［J］．中国证券期货，2022（3）：23－33.

［253］廖勤．俄乌冲突如何影响世界经济？［N］．解放日报，2022－

03－07（007）.

［254］林建浩，李幸，李欢．中国经济政策不确定性与资产定价关系实证研究［J］．中国管理科学，2014，22（S1）：222－226. DOI：10.16381/j.cnki.issn1003－207x.2014.s1.049.

［255］林宇，李福兴，陈粘，等．基于R－vine－copula－CoVaR模型的金融市场风险溢出效应研究［J］．运筹与管理，2017，26（9）：148－156.

［256］刘锋．我国证券市场流动性溢出效应的实证研究［J］．技术经济与管理研究，2012（6）：4.

［257］刘凤根，周驭舰．股票市场波动性特征及溢出效应经验研究［J］．云南财经大学学报，2018，34（11）：12.

［258］刘鹤．两次全球大危机的比较［J］．管理世界，2013（3）：1－7. DOI：10.19744/j.cnki.11－1235/f.2013.03.001.

［259］刘华军，陈明华，刘传明，等．中国大宗商品价格溢出网络结构及动态交互影响［J］．数量经济技术经济研究，2017，34（1）：113－129.

［260］刘健，胡贤海，闵中月，等．大宗商品价格波动对经济运行的影响研究——基于安徽省的实证分析［J］．价格理论与实践，2021（8）：42－49.

［261］刘璐，韩浩．我国保险市场与银行市场间的风险溢出效应研究——基于上市银行和保险公司的实证分析［J］．保险研究，2016（12）：3－14.

［262］刘鹏举，王超．我国铜期货价格和铜业股票价格相关性研究［J］．现代商贸工业，2015，36（24）：121－122.

［263］刘湘云，朱春明．国际石油价格波动对中国股票市场的风险溢出效应［J］．金融经济学研究，2011，26（2）：56－71.

［264］刘映琳，鞠卓，刘永辉．基于DCC－GARCH的中国大宗商品金融化研究［J］．国际商务研究，2017，38（5）：75－83.

［265］刘子威．中国股票市场与世界主要股票市场联动效应分析［D］．成都：西南财经大学硕士学位论文，2012.

［266］娄飞鹏．新冠肺炎疫情、金融市场震荡与金融危机［J］．西南金融，2020（5）：25－35.

［267］娄季芳．国际比较视角下的人民币国际化研究［D］．北京：中共中央党校博士学位论文，2012.

［268］吕剑．人民币汇率变动对国内物价传递效应的实证分析［J］．国际金融研究，2007（8）：53－61.

［269］栾培强．人民币汇率变动对物价和资产价格影响的实证分析——基于货币视角的考察［D］．上海：复旦大学博士学位论文，2010.

［270］罗平．中国有色金属期货波动与股票波动内在关系研究——以钢、铝、铅行业为例［D］．厦门：厦门大学硕士学位论文，2020.

［271］麻晓芳．中国A股市场行业板块的波动性和相关性研究［D］．合肥：合肥工业大学硕士学位论文，2010.

［272］马晓文，郭文伟，沈明浩．新冠肺炎疫情冲击下全球资本市场波动溢出风险及其连通网络研究［J］．金融理论与实践，2021（11）：22－40.

［273］马永谈，鲁静怡，林萍，等．全球金融发展与经济增长的结构性关联效应——基于金融周期和金融稳定机制的分析［J］．财经科学，2021（10）：1－14.

［274］孟雪井，孟祥兰，胡杨洋．基于文本挖掘和百度指数的投资者情绪指数研究［J］．宏观经济研究，2016（1）：10.

［275］蒲遗天．我国有色金属期货市场与股票市场均值溢出效应研究［J］．甘肃金融，2016（2）：58－61，5.

［276］钱晓霞．金融开放进程下短期跨境资本流动对我国金融稳定的影响［D］．杭州：浙江大学博士学位论文，2018.

［277］石智超，许争，陈瑞．中国股票市场与商品期货市场传导关系的实证分析——基于风险Granger因果检验的研究［J］．金融理论与实践，2016（2）：82－89.

［278］史嘉俊，叶李伟．国际股市极端风险溢出效应研究——基于上行CoVaR和下行CoVaR的分析［J］．金融与经济，2021（12）：4－14.

［279］史金跃．人民币加入SDR货币篮子的影响研究［D］．北京：外交学院硕士学位论文，2016.

［280］史永东，丁伟，袁绍锋．市场互联、风险溢出与金融稳定——基于股票市场与债券市场溢出效应分析的视角［J］．金融研究，2013

（3）：170－180.

［281］司颖华，李淑云．美国经济政策不确定性对中国金融市场的影响分析［J］．中央财经大学学报，2021（10）：43－51. DOI：10. 19681/j. cnki. jcufe. 2021. 10. 005.

［282］宋凌峰，叶翰章．期货市场服务实体产业效果评价研究［J］．统计与决策，2023，39（7）：162－167.

［283］唐英，温涛．我国铜业上市公司股票价格与铜期货价格关系的实证研究［J］．时代金融，2008（3）：25－27.

［284］陶可．机构投资者持股和股市波动性溢出效应分析［J］．金融与经济，2012（3）：5.

［285］田树喜，胡靖雪，孙荧，等．股指期货对股票市场正反馈交易的影响——基于中国A股市场的计量检验［J］．东北大学学报（自然科学版），2020，41（12）：1794－1799.

［286］万蕤叶，陆静．金融危机期间汇率风险传染研究［J］．管理科学学报，2018，21（6）：12－28.

［287］汪友若．俄乌冲突或加剧全球通胀对股市中期影响有限［N］．上海证券报，2022－02－28（005）.

［288］王道平，范小云，陈雷．可置信政策、汇率制度与货币危机：国际经验与人民币汇率市场化改革启示［J］．经济研究，2017，52（12）：119－133.

［289］王方阳，刘新宇．国际债券市场和中国股票市场的风险传染．财经问题研究，2019，35（4）：92－99.

［290］王琳，刘宏雅，沈沛龙．央行政策沟通的金融资产价格稳定效应——以中国股票市场为例［J］．金融论坛，2021，26（8）：8－17.

［291］王盼盼，夏婷，石建勋，等．“石油－美元”动态关联的时变特征及影响因素研究［J］．国际金融研究，2020（11）：35－44.

［292］王奇珍，王玉东．国际油价、美国经济不确定性和中国股市的波动溢出效应研究［J］．中国管理科学，2018，26（11）：50－61.

［293］王箐，王钟黎，李士雪，薛付忠．“新冠肺炎”疫情对中国股市价格波动的短期影响［J］．经济与管理评论，2020，36（6）：16－

27. DOI：10. 13962/j. cnki. 37 – 1486/f. 2020. 06. 002.

［294］王姗姗，王文立．新冠肺炎疫情危机下中美股市波动溢出新特征——基于历次危机事件的对比［J］．数量经济研究，2021，12（2）：73 – 94.

［295］王雪标，周维利，范庆珍．我国原油价格与外国原油价格的波动溢出效应——基于 DCC – MGARCH 模型分析［J］．数理统计与管理，2012，31（4）：571 – 584.

［296］王漪珺．次贷危机的根源、传导及对我国的影响分析［D］．上海：复旦大学硕士学位论文，2008.

［297］王占军，王俐．中美证券市场监管体制比较研究［J］．黑龙江对外经贸，2005（1）：84 – 85.

［298］王周伟，吕思聪，茆训诚．基于风险溢出关联特征的 CoVaR 计算方法有效性比较及应用［J］．经济评论，2014（4）：148 – 160.

［299］魏巍贤，林伯强．国内外石油价格波动性及其互动关系［J］．经济研究，2007（12）：130 – 141.

［300］卧龙．国企指数 13 年大三角调整结束［J］．股市动态分析，2020（8）：12 – 14.

［301］吴炳辉，何建敏．开放经济条件下金融风险国际传染的研究综述［J］．经济社会体制比较，2014（2）：87 – 96.

［302］吴婷婷，朱昂昂．新冠肺炎疫情对中国经济的影响及应对策略［J］．南方金融，2020（5）：3 – 11.

［303］吴新生．季风效应、制度空间依赖与欧债危机传染——基于空间面板数据模型的经验研究［J］．世界经济与政治论坛，2012（3）：96 – 105.

［304］吴秀波．人民币加入 SDR 货币篮子的前景和意义［J］．价格理论与实践，2015（10）：21 – 24. DOI：10. 19851/j. cnki. cn11 – 1010/f. 2015. 10. 011.

［305］吴振刚．投资者情绪对中国股票收益率的影响研究［J］．金融文坛，2022（1）：45 – 49.

［306］项梦曦．俄乌冲突致市场避险情绪高涨［N］．金融时报，2022 – 03 – 03（008）.

［307］肖斌卿，王粟旸，周小超，等．债务网络投资者行为与传染性风险：来自中国银行业与房地产业的研究发现［J］．管理科学学报，2014，17（11）：139－150.

［308］邢天才，王笑．经济政策不确定性对中国资本市场发展的影响及其应对［J］．中州学刊，2022（6）：14－20.

［309］熊熊，许克维，沈德华．投资者情绪与期货市场功能——基于沪深300股指期货的研究［J］．系统工程理论与实践，2020，40（9）：2252－2268.

［310］徐宏，蒲红霞．新冠疫情对中国股票市场的影响——基于事件研究法的研究［J］．金融论坛，2021，26（7）：70－80. DOI：10.16529/j. cnki. 11－4613/f. 2021. 07. 008.

［311］徐晓光，廖文欣，郑尊信．沪港通背景下行业间波动溢出效应及形成机理［J］．数量经济技术经济研究，2017，34（3）：112－127.

［312］杨成，袁军．我国证券市场行业间收益率的极值联动效应实证研究［J］．管理工程学报，2011（1）：40－48.

［313］杨蕾．基于百度指数的投资者情绪指数构建与应用［D］．成都：西南财经大学硕士学位论文，2020.

［314］杨胜刚，成博．股票市场与大宗商品市场互动特征比较研究［J］．当代财经，2014（6）：57－66.

［315］杨扬，林惜斌．中国股市行业收益率波动传导机制及其时变特征——基于BEKK－MGARCH的实证分析［J］．金融经济学研究，2013，28（2）：86－98.

［316］杨子晖，陈雨恬，张平淼．重大突发公共事件下的宏观经济冲击、金融风险传导与治理应对［J］．管理世界，2020，36（5）：13－35，7. DOI：10. 19744/j. cnki. 11－1235/f. 2020. 0067.

［317］杨子晖，王姝黛．突发公共卫生事件下的全球股市系统性金融风险传染——来自新冠疫情的证据［J］．经济研究，2021，56（8）：22－38.

［318］姚登宝．投资者情绪、市场流动性与金融市场稳定——基于时变分析视角［J］．金融经济学研究，2017，32（5）：94－106，28.

［319］姚爽，王艺晓，黄玮强．中国金融市场风险溢出非对称效

应——基于 TVP－VAR－DY 模型的实证研究［J］. 管理现代化，2022，42（4）：49－56. DOI：10.19634/j.cnki.11－1403/c.2022.04.008.

［320］姚晓光，刘精山，杜阳．经济政策不确定性对中国股票市场操纵的影响［J］．财经理论与实践，2021，42（5）：57－65. DOI：10.16339/j.cnki.hdxbcjb.2021.05.008.

［321］叶巧凤．中国股票市场行业间波动的动态关系分析［D］．青岛：中国海洋大学硕士学位论文，2015.

［322］叶青，韩立岩．金融危机传染渠道与机制研究——以次贷危机为例［J］．系统工程理论与实践，2014，34（10）：2483－2494.

［323］尹力博，柳依依．中国商品期货金融化了吗？——来自国际股票市场的证据［J］．金融研究，2016（3）：189－206.

［324］于辉．中国货币政策有效性分析［D］．长春：吉林大学博士学位论文，2005.

［325］袁超，张兵，汪慧建．债券市场与股票市场的动态相关性研究［J］．金融研究，2008（1）：63－75.

［326］张嘉望，李博阳，杜强．中国区域碳市场价格联动与风险溢出效应研究——基于信息溢出视角［J］．中南财经政法大学学报，2022（2）.

［327］张金林，贺根庆，王伟．中国金融市场间风险溢出效应的实证研究——基于四元 VEC－GARCH（1，1）－BEKK 模型［J］．中央财经大学学报，2012（7）：26－31.

［328］张瑞锋，汪同三．基于高频数据的金融市场波动溢出分析［J］．财经理论与实践，2013（1）：23－27.

［329］张双妮．基于 VAR 模型研究有色金属期货市场对股票市场传导效应［J］．市场论坛，2019（2）：54－57，68.

［330］张天顶，施展．美联储紧缩性货币政策冲击对中国金融市场的影响及应对——资产价格视角的零利率下限时期与常态化时期比较［J］．西部论坛，2022，32（4）：55－72.

［331］张雪莹，封超，马世群．中美国债收益率溢出效应及其影响因素研究［J］．证券市场导报，2023（3）：46－56.

［332］张志波，齐中英．基于 VAR 模型的金融危机传染效应检验方法与实证分析［J］．管理工程学报，2005（3）：115－120.

［333］赵恒飞．我国有色金属期货价格与同行业股票价格相关性研究［D］．成都：西南财经大学硕士学位论文，2012.

［334］中国经济增长与宏观稳定课题组，张晓晶，汤铎铎，林跃勤．全球失衡、金融危机与中国经济的复苏［J］．经济研究，2009，44（5）：4－20.

［335］仲琳．“一带一路”沿线国家和地区股票市场风险溢出及对冲研究［D］．郑州：郑州大学硕士学位论文，2021.

［336］周爱民，韩菲．股票市场和外汇市场间风险溢出效应研究——基于 GARCH－时变 Copula－CoVaR 模型的分析［J］．国际金融研究，2017（11）：54－64.

［337］周红利，陈园，邵建新．债券市场情绪因素对股票市场的影响：基于分形分析方法［J］．大连理工大学学报（社会科学版），2018，19（2）：25－33.

［338］周伟，龙美芳．我国期货铜和现货铜对证券市场铜行业上市公司股票价格变动的交叉影响分析［J］．金融理论与实践，2016（11）：92－98.

［339］周云龙，胡良剑．股票市场行业指数波动溢出效应实证分析［J］．经济研究导刊，2019，401（15）：83－85，99.

［340］卓娜，昌忠泽．金融风险的成因、传导与防范：国内外研究述评［J］．技术经济，2015，34（3）：112－122.